Leitbilder erarbeiten

Stefan Kühl

Leitbilder erarbeiten

Eine kurze organisationstheoretisch informierte Handreichung

 Springer VS

Stefan Kühl

Metaplan
Quickborn, Deutschland

Universität Bielefeld
Bielefeld, Deutschland

ISBN 978-3-658-13422-8   ISBN 978-3-658-13423-5 (eBook)
DOI 10.1007/978-3-658-13423-5

Die Deutsche Nationalbibliothek verzeichnet diese Publikation in der Deutschen Nationalbibliografie; detaillierte bibliografische Daten sind im Internet über http://dnb.d-nb.de abrufbar.

Springer VS
© Springer Fachmedien Wiesbaden 2017

Lektorat: Katrin Emmerich, Jennifer Ott

Gedruckt auf säurefreiem und chlorfrei gebleichtem Papier

Springer VS ist Teil von Springer Nature
Die eingetragene Gesellschaft ist Springer Fachmedien Wiesbaden GmbH

Inhalt

Vorwort – Erarbeitung von Leitbildern jenseits des Maschinenmodells von Organisationen

D ie Handreichungen zur Erstellung und Verbreitung von Leitbildern sind in den meisten Fällen durch ein maschinenartiges Verständnis von Organisationen geprägt. Organisationen werden von einem Zweck aus gedacht, der als die Richtschnur für alles organisatorische Handeln herhalten muss. Es wird versucht, für die Erreichung dieser Zwecke geeignete Mittel zu definieren – die »optimalen Kommunikationswege«, die »richtigen Programme« und das »geeignete Personal«. Leitbilder dienen bei diesem Verständnis von Organisationen als Orientierungspunkte, an denen sich alle Mitglieder ausrichten sollen.

Aber leider ist die Sache so einfach nicht. Die Realität von Unternehmen, Verwaltungen, Armeen, Krankenhäusern, Hochschulen, Schulen oder Vereinen sieht ganz anders aus als dieses »maschinenartige Bild« von Organisationen, denn Organisationen sind sich über ihre Zwecke häufig nicht im Klaren. Leitbilder, die Orientierungspunkte liefern sollen, geben häufig nur Allgemeinplätze wieder, die letztlich von allen Organisationen einer Branche so vertreten werden könnten. Das Personal in den unterschiedlichen Bereichen und Abteilungen tut so, als teile es das Leitbild, verfolgt aber ganz eigene Interessen. Das Leitbild wird auf der Vorderbühne gepriesen, aber auf der Hinterbühne zynisch kommentiert. Das Leben in Organisationen scheint viel wilder zu sein, als es das in der Ratgeberliteratur und auf den Beraterfolien dominierende maschinenartige Verständnis von Organisationen nahelegt.

Ziel dieses kleinen Buches in der Reihe »Essentials« ist es, aufzuzeigen, wie die Erarbeitung eines Leitbildes – manchmal auch als »Credo«, »Mission Statement«, »Corporate Philosophy« oder »Core Values« bezeichnet – jenseits eines solchen vereinfachten, maschinenartigen Verständnisses von Organisationen aussehen kann. Es wird gezeigt, welche Funktionen Leitbilder als Teil der Schauseite der Organisation haben, in welchem Verhältnis sie zur formalen Struktur stehen und wie sie mit den informalen Strukturen – der Organisationskultur – zusammenhängen.

Bei der Darstellung, wie Leitbilder entwickelt werden, stütze ich mich auf langjährige Erfahrung bei der Beratung von Unternehmen, Verwaltungen, Universitäten, Krankenhäusern und Non-Profit-Organisationen. An einzelnen Stellen zeige ich immer wieder, wo die von uns propagierte Vorgehensweise bei der Entwicklung von Leitbildern von der gängigen Praxis abweicht und in welcher Form wir an Überlegungen der neueren Organisationsforschung anknüpfen.

Auch wenn dieses Buch aus der praktischen Arbeit bei der Erstellung von Leitbildern heraus entstanden ist und es sich vorrangig an Praktiker in Organisationen richtet, habe ich den Anspruch, dass unsere Vorgehensweise mit Einsichten der wissenschaftlichen Organisationstheorie abgestimmt ist. Eine solche wissenschaftlich informierte Vorgehensweise in der organisationalen Praxis soll aber nicht kaschieren, dass die Ansprüche an Texte für Praktiker ganz andere sind als an Texte für Wissenschaftler. Während in der Literatur für Praktiker Überlegungen meistens im Tenor der Erleuchtung und der Verkündung präsentiert werden, dominiert in der Wissenschaft eher der abwägend argumentierende Ton. Das gera-

de von Praktikern immer wieder gern wiederholte Diktum des
Psychologen Kurt Lewin (1951, S. 169), dass nichts praktischer
sei als eine gute Theorie, verkennt die ganz unterschiedlichen
Entstehungszusammenhänge von organisationalen Praktiken
und wissenschaftlichen Erkenntnissen über diese Praktiken.
Gerade in der Debatte über die Praxisrelevanz der Organi-
sationsstudien (siehe z. B. früh Whitley 1984) und in der sogenannten soziologischen Verwendungsforschung (siehe z. B.
früh Beck/Bonß 1984) ist immer wieder herausgestellt worden, dass wissenschaftliches Wissen nicht ohne Weiteres in
die Praxis übersetzt werden kann.

Angesichts dieser unüberbrückbaren Differenz zwischen
Organisationswissenschaft und Organisationspraxis ist es
mein Anspruch, Vorgehensweisen bei der Erarbeitung und
Verbreitung von Leitbildern vorzustellen, die an dem einen
oder anderen Punkt vielleicht durch einen Gedanken aus
der Organisationstheorie inspiriert wurden, die aber vorrangig aus der Praxis heraus generiert wurden und die sich in
der Praxis bewähren müssen. Es mag durchaus auch für Wissenschaftler der eine oder andere interessante Gedanke dabei sein, wenn zum Beispiel bei der Suche nach dem richtigen
Weg, um einen vorher definierten Zweck zu realisieren, sys-
tematisch zwischen Leitbildern als Wertformulierungen und
Strategien als Mittelsuchprogrammen unterschieden wird.
Wenn also eine Wissenschaftlerin oder ein Wissenschaftler
bei der Lektüre dieses Buches die eine oder andere Idee bekommt, umso besser – aber das ist nicht mein primärer Anspruch.

Dieses kleine Buch ist Teil einer Reihe, in der wir vor dem
Hintergrund moderner Organisationstheorien Praktikerin-
nen und Praktikern die Essentials für das Management von
Organisationen vorstellen. Neben diesem Band »Leitbilder
erarbeiten« erscheinen Bücher zu den Themen »Organisationen gestalten«, »Strategien entwickeln«, »Projekte führen«

und »Märkte explorieren«. In einem Buch über »Laterales Führen« stellen wir vor, in welcher Form Macht, Verständigung und Vertrauen beim Management von Organisationen wirken. Weil wir diese Bücher in einem Guss geschrieben haben, werden aufmerksam Lesende in allen Büchern dieser Reihe immer wieder verwandte Gedankengänge und ähnliche Formulierungen finden. Diese Überschneidungen werden bewusst von uns eingesetzt, um die Einheitlichkeit des zugrunde liegenden Gedankengebäudes und die Verbindungen zwischen den verschiedenen Büchern hervorzuheben.

Wir halten nichts davon, Texte für Manager und Berater mittels einer Ansammlung von Bullet Points, Executive Summaries, grafischen Darstellungen des Textflusses oder gar mit Übungsaufgaben zu »vereinfachen«. In den meisten Fällen werden die Leserinnen und Leser durch diese »unterstützenden Mittel« infantilisiert, weil davon ausgegangen wird, dass sie nicht in der Lage seien, ohne diese Hilfsmittel die zentralen Gedanken aus einem Text herauszuziehen. Wir nutzen in diesem Buch – genauso wie in allen anderen unserer Bücher in der Essentials-Reihe – deswegen neben einigen sehr sparsam eingesetzten Grafiken lediglich ein einziges Element, das die Lektüre des Buches erleichtert: In kleinen Kästen führen wir einerseits Beispiele an, die unsere Gedanken konkretisieren, und andererseits nutzen wir diese Kästen dafür, um ausführlicher Anschlüsse an die Organisationstheorie zu markieren. Wer wenig Zeit hat oder sich für diese Aspekte nicht interessiert, kann auf die Lektüre dieser Kästen verzichten, ohne dass dadurch der rote Faden verloren geht.

Die organisationstheoretischen Grundlagen hinter diesem Konzept finden sich in meinem Buch »Organisationen. Eine sehr kurze Einführung«, in dem die Grenzen des am Zweck-Mittel-Schema orientierten Maschinenmodells von Organisationen dargestellt werden und ein übergreifendes systemtheoretisch informiertes Verständnis von Organisationen dargelegt wird (Kühl 2011). Wer sich für die Rolle von Leitbildern in Organisationen interessiert, kann dies in den Büchern »Das Regenmacher-Phänomen. Widersprüche im Konzept der lernenden Organisation« (Kühl 2015a) und »Sisyphos im Management. Die vergebliche Suche nach der optimalen Organisationsstruktur« nachlesen (Kühl 2015b).

Das Buch wurde im Rahmen des Metaplan-Qualifizierungsprogramms »Führen und Beraten im Diskurs« entwickelt. Den Teilnehmerinnen und Teilnehmern, die die hier vorgestellte Vorgehensweise nicht nur immer wieder kritisch hinterfragt, sondern auch ihre Erfahrungen aus der Praxis zurückgespielt haben, sei für die vielfältigen Inputs genauso gedankt wie den Organisationswissenschaftlern, die in den letzten Jahrzehnten unsere Praxis immer wieder kritisch reflektiert und kommentiert haben.

1 Was sind Leitbilder? – Einleitung

Wenn man sich bei einigen Handy-Anbietern eine neue Software herunterlädt, wird man vom Installationsprogramm aufgefordert, als Erstes sein persönliches »Mission Statement«, sein »individuelles Leitbild«, einzugeben. Die meisten Nutzer mögen sich irritiert fragen, welche Konsequenzen diese Leitbilderstellung zukünftig für die eigene Arbeitsplanung haben wird und ob das Handy automatisch alle Termine blockieren wird, die nicht mit dem Leitbild kompatibel sind. Es wird deutlich, mit welcher Macht sich die Vorstellung durchsetzt, dass man in der heutigen Zeit ein Leitbild benötigt.

Schätzungen gehen davon aus, dass bereits um die letzte Jahrhundertwende 85 % aller größeren US-amerikanischen Unternehmen ein Leitbild entwickelt hatten (vgl. Rigby 2003). In Europa und Asien wird dies inzwischen nicht wesentlich anders sein. Aber auch Verwaltungen, Universitäten, Krankenhäuser, Psychiatrien, Armeen, Polizeien, Gefängnisse, Parteien und Nichtregierungsorganisationen bieten ihren Mitarbeitern, Kunden und Lieferanten einen Wertekanon an, der im unübersichtlichen organisationalen Alltag Orientierung bieten soll.

Für die Popularität von Leitbildern gibt es gute Gründe. Angesichts der Schwierigkeiten, die eine ausschließlich hierarchische Führung von Organisationen mit sich bringt, verbindet sich mit den propagierten Wertekatalogen – und nichts anderes sind Leitbilder – die Hoffnung, dass darüber in einer eher abstrakten Form ausgedrückt werden kann, welches Verhalten die Organisationen von ihren Mitgliedern erwarten. Und sie sollen zum Ausdruck bringen, was die Empfänger von Leistungen – die Kunden der Unternehmen, die Kranken in den Krankenhäusern oder die Gefangenen in den Gefängnissen – von der Organisation erwarten können. Kurz: Leitbilder sollen gemeinsame Wahrnehmungs- und Denkhorizonte eröffnen.

Nicht selten werden inzwischen wahrhaftige Wunderdinge von Leitbildern erwartet: Über Leitbilder könnten sich, so die häufig geäußerte Auffassung, die Mitarbeiter mit den langfristigen Zielen ihrer Organisation identifizieren. Leitbilder führten zu gesteigertem Engagement und erhöhter Leistungsbereitschaft der Belegschaft, und sie gäben den Mitarbeitern Orientierung für ihr tägliches Handeln und leiteten als eine Art Wegweiser ihr Verhalten an. Mitarbeiter würden so selbständig »das Richtige« im Sinne der Erreichung der Organisationsziele tun. Beschlüsse könnten schneller und vor allem direkter am Kunden gefasst werden, umfangreichere Abstimmungen würden unnötig. Für die Organisation würden die Leitbilder zu geringeren Kontrollkosten, geringeren Koordinations- und Abstimmungskosten und zu schnelleren und direkteren Entscheidungsprozessen führen. Dies führe zu erhöhter Effizienz und wachsender Flexibilität (vgl. für solche Versprechen z. B. Bart 1997; Heinrich/Spengler 2007; Blair-Loy et al. 2011).

Wie bei fast jedem anderen Managementtrend gibt es inzwischen auch Studien über das Phänomen Leitbild, die dessen ökonomischen Nutzen nachzuweisen versuchen. In ihrem

Buch » Immer erfolgreich« verkünden Jim Collins und Jerry I. Porras (2005), dass der Marktwert der von ihnen untersuchten Firmen mit Unternehmensleitbild wie Walmart, Boeing oder 3M in 50 Jahren sechsmal höher war als der von Firmen ohne Unternehmensleitbild. Hugh Davidson (2005) verspricht in seinem Buch » The Committed Enterprise«, dass bei Unternehmen mit einem starken Leitbild die Kundenzufriedenheit um 16 % über dem Marktdurchschnitt liege, während die Mitarbeiterfluktuation beachtliche 32 % unter dem Durchschnitt liege. Die von Ira T. Kay und Bruce Pfau (2001) in ihrem Buch » Human Capital Edge« kolportierte Zahl besagt, dass der Return on Investment von Unternehmen mit Leitbild um 29 % höher sei als bei Unternehmen, in denen kein Leitbild existierte oder die Mitarbeiter das Leitbild nicht verstanden hätten. Auch wenn diese Zahlen auf methodisch mehr als fragwürdigen Studien beruhen, die Nachricht, die ausgesendet werden soll, ist klar: Die Erstellung von und die Arbeit mit Leitbildern rechnet sich. Ob es nicht einfach umgekehrt ist – dass nämlich nur die Organisationen Leitbilder erstellen, die es sich wegen ihrer guten Rendite leisten können – wird jedoch nicht untersucht.

So weit, so gut: Nachdem sich inzwischen die meisten Unternehmen, Verwaltungen, Krankenhäuser, Schulen und Universitäten Leitbilder gegeben haben, viele ihre Leitbilder bereits zum zweiten oder dritten Mal überarbeitet haben und nun auch die einzelnen Bereiche in Unternehmen, Verwaltungen oder Universitäten für ihre jeweiligen Abteilungen Wertekataloge erarbeitet haben, geraten die Leitbilder mittlerweile jedoch immer mehr in die Kritik. Es werden erste Stimmen laut, die fordern, dass in ökonomisch raueren Zeiten als Erstes die Arbeit an Leitbildern einzustellen sei, um sich auf die wirklich wichtigen Aspekte innerhalb des Unternehmens konzentrieren zu können.

Es hat sich sehr deutlich herausgestellt, dass Zynismus der

große Risikofaktor schlechthin bei der Erstellung und Propagierung von Leitbildern ist. Häufig unbemerkt vom Topmanagement, reagieren Mitarbeiter, aber nicht selten auch
Kunden und Zulieferer, inzwischen mit Ironie, Spott und Zynismus, wenn sie mit dem Leitbild eines Unternehmens konfrontiert werden. Und je angespannter die ökonomische Situation ist, desto deutlicher tritt die Diskrepanz zwischen den
hehren Werten der Leitbilder und der alltäglichen Realität in
den Organisationen hervor. Der Kalauer vom »Leitbild« als
»Leidbild« begegnet einem inzwischen auf den Fluren nicht
weniger Unternehmen und Verwaltungen.

Nur einige Beispiele: Die Mitarbeiter in der Fertigung eines Automobilkonzerns kommentieren mit feiner Ironie die
Anweisung der Hierarchen, dass sie immer das neue Leitbild
des Unternehmens auf einer Plastikkarte in ihrem Blaumann
bei sich zu tragen haben. Angehörige der Deutschen Marine,
die sich auch neuerdings einem Wertekanon verpflichtet sieht,
rezitieren in Seminaren mit ironischem Unterton das Leitbild,
das ihnen von der Militärführung mitgegeben wurde. Oder
man betrachte die Sparte eines großen Elektronikkonzerns,
die die Entlassung vieler Mitarbeiter mit der Propagierung
eines Vertrauensleitbildes begleitet, das dann auch noch die
verbliebenen Mitarbeiter entfremdet.

Aber auch die Massenmedien kommentieren Leitbilder zunehmend hämisch: Die Leitbilddiskussion, so ein kritischer
Kommentar, verschone praktisch keinen Bereich des öffentli-
chen Lebens: Vom Kirchenkreis an der Ruhr über das Sauer-
länder Besucherbergwerk Bestwig-Ramsbeck, von der Pro-
jektgruppenarbeit in Passau über die Nassauische Sparkasse,
von den Gymnasien Gymburg und Burgdorf über die Grünen
und Gelben und Schwarzen, von der Humboldt-Universität
zu Berlin über die Fachhochschule Dortmund, vom naturhis-
torischen Museum in Basel über die Kindergärten bis hin zur
Otto-Guericke-Universität in Magdeburg, eine endlos verlän-

gerbare Liste – überall verpasse man sich Leitbilder. Es falle, so beispielsweise das »Leitbildopfer« Peter Fuchs (2000), zunehmend schwer, den vielen »administrativen Visiönchen«, die alle ein »wenig einfältig« daherkämen, zu entgehen, geschweige denn, die Zumutung ihrer »kognitiven Unterkomplexität« zu ertragen.

Der Prozess der Erstellung eines Leitbildes scheint für ein Unternehmen, eine Verwaltung oder ein Krankenhaus eine höchst sensible Angelegenheit zu sein. *Nicht* deswegen, weil ein Leitbild verheerende Auswirkungen auf die Praxis einer Organisation haben kann. Ein Leitbild ist viel zu abstrakt, als dass eine Organisation an den daraus abgeleiteten Handlungen zugrunde gehen könnte. Vielmehr wird immer deutlicher, wie hoch das Risiko für eine Organisation ist, wenn sie ihre Werthaltungen über Leitbilder deklariert. Werte und Moralvorstellungen, die man für sich in Anspruch nimmt, wecken bei den Adressaten immer den Verdacht, dass es sich doch nur um Beteuerungen handeln könnte, die man auch schnell wieder vergisst, wenn es hart auf hart kommt.

1.1 Leitbilder – Wertekataloge in Organisationen

Wenn man in einer Verwaltung, einem Unternehmen, einer Schule oder einer Partei nach dem Leitbild fragt, dann erfolgt sehr häufig ein Griff in die Schublade, und es wird eine mehrseitige, meistens auf Hochglanzpapier gedruckte Broschüre herausgezogen. In dieser Broschüre werden positiv klingende Prinzipien verkündet, denen sich die Organisationsmitglieder verpflichtet fühlen (sollen) und deren Einhaltung die Umwelt erwarten kann.

Aber jenseits dieser unmittelbaren Assoziation einiger Seiten wohlklingender Aussagen bleibt meistens unklar, was genau ein Leitbild sein soll. Der Begriff des Leitbildes ist so schillernd, dass ganz verschiedene Bedeutungen damit assoziiert werden können: die von allen Organisationsmitgliedern geteilten Werte, die Orientierungslinien für Handlungen in der Organisation, das Image, das nach außen dargestellt werden soll, die angestrebte Organisationskultur oder die erwünschten Normen, an denen sich Organisationsmitglieder ausrichten sollen.

Systemtheoretisch gesprochen sind Leitbilder erst einmal nichts anderes als nach außen und innen verkündete *Wertekataloge.* Werte – man denke dabei an Formulierungen wie beispielsweise »Wir schützen unsere Umwelt«, »Wir sind behindertenfreundlich«, »Unsere Mitarbeiter sind unser wichtigstes Kapital« oder »Bei uns ist der Kunde König« – stellen zwar Verhaltenserwartungen dar, sie lassen aber offen, welche konkreten Handlungen in einer bestimmten Situation erfolgen sollen. Wegen ihrer Abstraktheit haben Werte zwar »hohe Konsenschancen« (Luhmann 1972, S. 88 f.), aber sie stecken gleichzeitig letztlich voller praktischer Widersprüche. Wie weit soll man beim Schutz »unserer Umwelt« gehen? Darf man dafür im Notfall auch töten? Wie soll man sich verhalten, wenn eine Maßnahme zwar dem »Kunden König« nutzt, aber den Mitarbeitern – dem »wichtigsten Kapital« des Unternehmens – schadet?

Abstrakt und gleichzeitig zu Widersprüchen führend, unterscheiden sich Werte grundlegend von *Programmen.* Programme sind Regeln für das richtige Entscheiden. Sie können in Form von Strategien daherkommen – zum Beispiel in dem erklärten Ziel, bis zum Jahresende 15 % neue Kunden zu gewinnen oder den Umsatz um 10 % zu steigern. Der Clou bei Programmen ist, dass – anders als bei Werten – vergleichsweise sicher identifiziert werden kann, ob im Sinne eines Programmes richtig oder falsch gehandelt wurde. Ob in einem Jahr 15 % neue Kunden gewonnen wurden oder der Umsatz um 10 % gesteigert werden konnte, lässt sich eindeutig feststellen; ob der Kunde immer wie ein König behandelt wurde, nicht: vielfältige Interpretationen sind möglich.

1.2 Die drei Seiten der Organisation

Um genauer zu begreifen, was ein Leitbild ist und welche Funktionen es in einer Organisation erfüllt, ist es erforderlich, die drei Seiten einer Organisation zu unterscheiden (siehe dazu ausführlich Kühl 2011, S. 89 ff.). Bei der *Schauseite* handelt es sich um die Fassade der Organisation. Sie soll durch ihre Ausschmückungen, durch ihre Ornamente oder auch nur ihre Ebenmäßigkeit etwas darstellen (vgl. Rottenburg 1996, S. 191 ff.). Organisationen präsentieren nach außen eine möglichst attraktive »Fassade«, um auf diese Weise die Gunst der Kunden zu erlangen, eine positive Grundhaltung der Massenmedien ihnen gegenüber zu erzeugen oder Legitimation durch politische Kräfte zu erhalten. Was im hinteren Teil des »Geschäfts« abläuft, ist nicht völlig unwichtig, aber das Überleben einer Organisation hängt in vielen Fällen maßgeblich davon ab, dass die »Fassade« mit ihren »Schaufenstern« entsprechend aufgehübscht ist. Wenn man sich die von Unternehmen, Verwaltungen, Krankenhäusern, Schulen oder Gefängnissen publizierten Leitbilder ansieht, dann wird deutlich, dass sie eine wichtige Funktion für die Schauseite der Organisationen erfüllen. Bei der *formalen Seite* handelt es sich um das offizielle Regelwerk, an das sich die Mitglieder gebunden fühlen. Der Anspruch, der mit Leitbildern suggeriert wird, ist, dass die auf der Schauseite propagierten Prinzipien sich unmittelbar in der Formalstruktur der Organisation wiederfinden. Die auf der Schauseite dargestellten Leitbildprinzipien seien – so die Suggestion – auch die Prinzipien, die als Formalstruktur das Handeln der Mitglieder anleiteten. Die *informale Seite* einer Organisation besteht dagegen aus einge-

Grafik 1 Die Strukturmatrix zur Analyse von Organisationen –
Leitbilder zwischen Schauseite und informaler Seite

Leitbilder erarbeiten

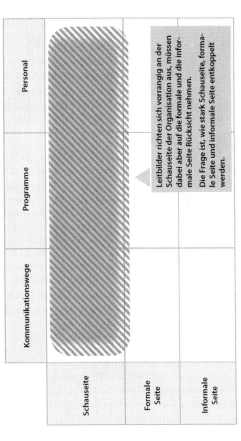

	Kommunikationswege	Programme	Personal
Schauseite			
Formale Seite			
Informale Seite			

Leitbilder richten sich vorrangig an der Schauseite der Organisation aus, müssen dabei aber auf die formale und die informale Seite Rücksicht nehmen.

Die Frage ist, wie stark Schauseite, formale Seite und informale Seite entkoppelt werden.

schliffenen Praktiken und Denkweisen, aus regelmäßigen Abweichungen von offiziellen Regeln und aus gepflegten Mythen, Dogmen und Fiktionen. Der (über-)ambitionierte Anspruch von Leitbildprozessen ist nicht selten, dass die nach außen und nach innen verkündeten Prinzipien stark mit den auf der informalen Seite der Organisation dominierenden Prinzipien der Organisation korrelieren.

Welche Wirkungen entfalten Leitbilder auf den drei unterschiedlichen Seiten einer Organisation?

Das Zelebrieren von Werten – Leitbilder als Teil der Schauseite der Organisation

Weil Leitbilder aus Wertformulierungen bestehen, die in ihrer Abstraktheit auf allseits große Zustimmung stoßen, eignen sie sich ideal für die Schauseite einer Organisation. Denn auf ihrer Schauseite bringt eine Organisation zum Ausdruck, wie sie gesehen werden will. Organisationen sind auf ihrer Schauseite in der Regel darum bemüht, ein möglichst konsistentes Bild zu zeichnen. Hinter Schlagworten wie »Corporate Design« oder »Corporate Communication« verbirgt sich das Bestreben, die Symbolik so zu vereinheitlichen, dass für Außenstehende eine permanente Wiedererkennung der Organisation gewährleistet ist. Im Idealfall sorgen Corporate Designer durch die Gestaltung so unterschiedlicher Dinge wie Kaffeetassen, der Gartenanlage und der Handtücher auf den Toiletten für ein einheitliches Bild des Unternehmens. Eine Organisation kann aber auch die Strategie verfolgen, vor dem Hintergrund eines einheitlichen Erscheinungsbildes Unterschiedlichkeiten darzustellen. Mit dem Hinweis auf unterschiedliche Kleidungs- und Sprachstile wird signalisiert, dass die Organisation aus ganz unterschiedlichen »Typen« bestehe und gerade das ihre Besonderheit ausmache.

Schauseiten erfüllen eine wichtige Aufgabe: den Schutz des Inneren. Es geht darum, Außenstehenden Einblicke ins Unternehmen zu verwehren, um in Ruhe Entscheidungen vorbereiten zu können, mögliche Konflikte vor der Außenwelt zu verbergen oder um Fehler und Peinlichkeiten zu verheimlichen. Man kann dies als »Kaschierungs-« oder »Verschleierungsfunktion« von Fassaden bezeichnen. In der Regel halten Organisationen die Abläufe zur Herstellung eines Produktes, zur Anfertigung eines Verwaltungsaktes oder zur Planung eines Seminarangebots für Außenstehende verborgen. Dabei geht es nicht nur darum, die kleinen Regelabweichungen in Form von Schlichen, Tricks und Abkürzungen zu verbergen: Viele mit den Regeln konforme Prozesse sind nur begrenzt für Außenstehende geeignet (siehe dazu Luhmann 1964, S. 114).

Die Entkopplung von der Formalstruktur – Leitbilder und ihr Verhältnis zur Formalstruktur

Wertekataloge eignen sich nicht zur Formulierung konkreter formaler Erwartungen an Organisationsmitglieder, das ist ihre große Schwäche. Bei formalen Erwartungen handelt es sich um die Erwartungen, die ein Organisationsmitglied erfüllen muss, um weiterhin Mitglied einer Organisation bleiben zu können. Über die formalen Erwartungen wird spezifiziert, von wann bis wann man in der Organisation anwesend zu sein hat. Es wird festgelegt, was während der Anwesenheit zu tun ist, auf welche anderen Organisationsmitglieder man zu achten hat und welche man ignorieren kann. Wenn man nicht bereit ist, sich an diese formalen Erwartungen zu halten, dann kann man nicht Mitglied der Organisation bleiben.

Um aber überhaupt ein bestimmtes Verhalten zur Mitgliedschaftsbedingung machen zu können, ist es erforderlich, dass die Anforderungen einer Organisation an ihre Mitglieder spezifisch und konsistent sind. Es ist relativ schwierig, einer Mitarbeiterin ein Fehlverhalten vorzuwerfen, wenn von ihr verlangt wird, sich an so abstrakte Werte wie Kollegialität und Leistungsbereitschaft zu halten, Verhaltensanforderungen also, die sich im konkreten Fall nicht selten gegenseitig ausschließen. Es ist schwierig, einer Führungskraft Vorhaltungen zu machen, wenn so abstrakte, in der Konkretisierung aber widersprüchliche Anforderungen an sie gestellt werden wie zum Beispiel die, die Erwartungen der Kunden als wichtigsten Maßstab ihres Handelns zu nehmen und gleichzeitig die Mitarbeiter als wichtigstes Kapital der Organisation zu betrachten.

Natürlich gibt es in jeder Organisation inkonsistente Erwartungen. Jedes Mitglied einer Organisation kann ein Lied davon singen. Aber gerade die Widersprüchlichkeiten des formalen Regelwerks führen dazu, dass die Mitglieder tendenziell von Verhaltenserwartungen entlastet werden, weil sie sich ja auf die ihnen jeweils genehme Regel beziehen können. Die Reaktion auf zu viel Widersprüchlichkeit ist üblicherweise, dass das »in Ordnung« gebracht werden muss. Das Bestreben von Organisationen, Verhaltensweisen als formale Mitgliedschaftsbedingung auszuflaggen, führt dazu, dass das Regelwerk an sich einigermaßen konsistent gehalten wird. Bei den für die Schauseite gedachten Wertekatalogen können jedoch vielfältige – im Organisationsalltag sich durchaus als widersprüchlich erweisende – Erwartungen parallel formuliert werden, weil diese Wertekataloge eben in der Regel nicht konkretisiert werden.

Man kann den Unterschied zwischen Maßnahmen, die eher auf die formale Seite der Organisation zielen, und Maßnahmen, die in Form von nach außen ausgeflaggten Wertekatalogen eher auf die Schauseite abzielen, anhand des Unterschiedes zwischen Strategien und Leitbildern verdeutlichen. Von Strategien kann man sprechen, wenn das Handeln auf das

Erreichen spezifizierter Ziele ausgerichtet wird und Verantwortliche mit Sanktionen zu rechnen haben, wenn die formalisierten Ziele nicht erreicht werden. Leitbilder dagegen sind, wie alle anderen Wertformulierungen auch, im Vergleich zu den strategischen Zielen wesentlich abstrakter formuliert. Zwar liefern auch die über Leitbilder transportierten Werte Präferenzgesichtspunkte für Handlungen, aber sie lassen offen, welche Handlung gegenüber einer anderen zu favorisieren ist. Sie geben lediglich einen groben Orientierungsrahmen und können – anders als strategische Ziele – nicht als Hilfe bei konkreten Entscheidungsproblemen dienen. Anders ausgedrückt: Leitbilder sind »nichtinstruktive Strategien«.

Beispiel: Die Ausdeutung eines Leitbildes durch unterschiedliche Akteursgruppen in einem Unternehmen

In einem Projekt innerhalb eines großen Motorenwerks eines Automobilkonzerns entscheidet man sich, das Prinzip der »Selbstregulation« in das Leitbild aufzunehmen. Von »Selbstregulation« – der selbstverantwortlichen Steuerung der Wertschöpfungsarbeit – spricht man im Leitbild deswegen, weil man den im Unternehmen teilweise negativ besetzten und politisch umkämpften Begriff der »Gruppenarbeit« vermeiden möchte.

Auf den ersten Blick könnte man meinen, dass allen Beteiligten klar ist, was damit gemeint ist: im Montagebereich die planerischen, dispositiven und kontrollierenden Funktionen mit den operativen Funktionen zu verbinden und in eine Hand zu legen.

Zu beobachten ist aber, dass das Leitbild von den verschiedenen Akteursgruppen ganz unterschiedlich (und auch bisweilen wider-

sprüchlich) genutzt wird: Die Geschäftsleitung legitimiert hier-
aus den Abbau von nicht unmittelbar wertschöpfenden Tätigkeiten; der Betriebsrat bezieht sich darauf, um den Abbau von
Hierarchien einzufordern; Abteilungsleiter berufen sich auf das
Leitbild, um Aufgabenverlagerungen und Zuständigkeitsgewin-
ne durchzusetzen.

Die Besonderheit ist also, dass Leitbilder so abstrakt formuliert sind, dass sie sich nicht als Grundlage für konkrete
Handlungsempfehlungen eignen. Ob man sich jetzt in einer
Konfliktsituation eher zugunsten des Kunden, des Aktionärs,
des Lieferanten oder der Gesellschaft entscheiden soll, lässt
ein Leitbild in der Regel offen. Ob der Mitarbeiter – wie im
Leitbild gefordert – für eine Innovation einen Fehler »in bester Absicht« riskiert oder ob er sich in einem konkreten Fall
für den sicheren, aber weniger innovativen Weg entscheidet
und ein zuverlässiges Produkt abliefert, wird durch das Leitbild nicht bestimmt.

In der Praxis sind die Entwicklung von Leitbildern und die
Formulierung strategischer Ziele jedoch nicht leicht zu unterscheiden, weil die durch Leitbilder transportierten Wertformulierungen immer auch das Versprechen einer konkreten
Handlungsausrichtung geben. Das Leitbild zur Dezentralisie-
rung von Entscheidungsprozessen würde nur begrenzt über-
zeugend wirken, wenn es nicht auch als Kriterienkatalog für
konkrete Entscheidungssituationen angeboten werden würde.
Das Bekenntnis zum Wert der Mitarbeiterorientierung würde
an Überzeugungskraft einbüßen, wenn nicht gleichzeitig mit-
kommuniziert würde, dass man weiß, dass diese Orientierung
nicht unmittelbar handlungsleitend ist und im Konfliktfall gegenüber der Effizienzorientierung zurückstehen muss.

Wie erkennt man, ob die Werte einer Organisation eher als Strategie oder eher als Leitbild formuliert sind?

Oftmals ähneln sich die Formulierungen zur Beschreibung von Strategien und Leitbildern sehr. Deshalb ist es im Prozess wichtig, feststellen zu können, woran genau gearbeitet wird – an Strategien oder an Leitbildern. Bei der Gestaltung von Leitbildprozessen verwenden wir vier Tests, um die Unterschiede zwischen einer Leitbild- und einer Strategieentwicklung markieren zu können.

1. Der Zustimmungstest

Die in Leitbildern verwendeten Wertformulierungen zeichnen sich dadurch aus, dass man nur schwerlich dagegen sein kann. Strategien lösen selten die gleiche Form von Zustimmung aus, weil Strategien immer mit Verzicht einhergehen. Das heißt nicht, dass in Bezug auf die in Leitbildern propagierten Werte nicht auch Kritik geäußert werden kann. Die Kritik an Werten richtet sich aber nie gegen den Wert an sich, sondern es wird ausgeführt, dass die Wertvorstellung noch nicht erreicht werden konnte, weil bisher der falsche Weg gewählt wurde. Es gilt beispielsweise als legitime Kritik, wenn man darauf hinweist, dass der Kundennutzen bisher noch nicht ausreichend sichtbar gemacht wurde. Oder man führt an, dass die Personalentwicklungsinstrumente zur Mitarbeiterbindung noch nicht gegriffen haben. Kritik richtet sich also immer nur gegen das »Wie« der Definition, der Ausrichtung oder der Umsetzung und nicht gegen das »Ob«. Diese Form der Kritik sichert – gewollt oder ungewollt – das Konzept gegen eine grundsätzlichere Kritik ab.

Die Fragen, die wir bei Zustimmungstests stellen, lauten: Kann man sich innerhalb einer Organisation explizit gegen diesen hier

vertretenen Wert stellen? Was würde passieren, wenn der Vor-
standsvorsitzende oder die Geschäftsführerin sich offen gegen
diesen Wert aussprechen würden?

Beispiel: Infineon listet in seinem Leitbild Werte auf wie »Der Erfolg
unserer Kunden ist das Ziel unseres Handelns«, »Tatendrang und
Tatkraft bestimmen unsere Aktionen«, »Wir gestalten aktiv unsere Zukunft und nehmen dabei Herausforderungen und Risiko mit
Zuversicht an« und »Ergebnisse und Höchstleistungen sind Trieb-
federn unseres Handelns und Entscheidens«. Um deutlich zu machen, dass es sich dabei um Leitbildformulierungen und nicht um
Strategien handelt, würde man beispielsweise die Behauptung in
den Raum stellen, dass »Tatendrang und Tatkraft die Aktionen von
Infineon bestimmen«, und im Anschluss würde man fragen, wer
gegen diese Aussage ist. Wenn alle zustimmen, handelt es sich aller Wahrscheinlichkeit nach um einen Wert.

2. Der Tautologietest

Bei der Darstellung von Werten in Leitbildern gibt es häufig eine
starke Tendenz zu Tautologien. Tautologien entstehen durch
eine selbstbezügliche Konstruktion. Die Aussage »Dieser Satz
ist korrekt« kann aufgrund seiner tautologischen Konstruktions-
form nicht zurückgewiesen werden. Der Satz ist zugleich Aussage und Gegenstand der Aussage und bestätigt sich somit selbst.
In ihrer einfachen Form lautet eine Tautologie »Ein Dieselmotor ist ein Dieselmotor ist ein Dieselmotor« und ist somit als solche für jeden erkennbar. In der etwas schwerer zu erkennenden
Form der Tautologie wird die Gleichsetzung durch die Nutzung
unterschiedlicher Begriffe verschleiert: »Mache eine innovative
Produktentwicklung.«

Zur Überprüfung des Tautologiegehalts eines Konzepts schlägt
Aloys Gälweiler die Verwendung eines einfachen Testverfahrens

vor: Tautologische Begründungen lägen vor, so Gälweiler, wenn sich aus der Negation der Empfehlung eine nicht in Betracht kommende Alternative ergebe. Wenn beispielsweise der Management-Guru Stephen R. Covey empfiehlt, proaktiv auf Überraschungen zu reagieren, erkennt man den Tautologiegehalt durch die Negation: Es ist nicht anzunehmen, dass Überraschungen uns nicht überraschen. Genauso hat er recht, wenn er vorschlägt, die wichtigste Sache zuerst zu erledigen, schließlich scheint uns die Empfehlung, die wichtigsten Sachen erst kurz vor Ablauf der Deadline zu bearbeiten, als wenig hilfreiche Alternative.

Beispiel: Wenn man das Leitbild des innovativen Gemischtwarenunternehmens 3M betrachtet, dann verkündet dieses beispielsweise, dass die gemeinsamen Werte im Unternehmen »absolute Integrität«, die »Achtung vor individueller Initiative«, die Toleranz gegenüber Fehlern »in bester Absicht« und »qualitativ hochwertige und zuverlässige Produkte« seien. Die Negation wäre, dass man sich »nur für eine partielle Integrität« ausspricht, dass »individuelle Initiative nicht geachtet werden muss«, dass auch »Fehler akzeptiert werden, die in böser Absicht gemacht werden« und dass man bereit ist, den »Kunden auch qualitativ minderwertige und unzuverlässige Produkte« anzubieten.

3. Der Evaluierungstest

Bei den in Leitbildern propagierten Werten stellt sich die Frage, ob dem angestrebten Wert entsprechend gehandelt wird. Wenn eine Partei für Umweltschutz, Frauenrechte, Armutsbekämpfung oder Menschenrechte eintritt, muss sie sich die Frage gefallen lassen, ob ihr eigenes Handeln zur Erreichung dieser Werte beiträgt. Bei Leitbildern besteht allerdings die Schwierigkeit, dass nicht eindeutig gesagt werden kann, ob ein Wert erreicht wurde oder nicht.

Das Erreichen oder Nichterreichen eines Ziels kann dagegen bei Strategien relativ einfach festgestellt werden, weil sie einen hohen Bestimmtheitsgrad haben. Es kann beispielsweise durch Berechnung festgestellt werden, ob das Ziel, mindestens 10 % des Umsatzes in einem neuen Marktsegment zu realisieren, erreicht wurde oder nicht. Es kann relativ eindeutig identifiziert werden, ob das Ziel, 20 % der Arbeitskräfte aus der Pariser Zentrale in außereuropäische Länder zu versetzen, erreicht wurde oder nicht.

Beispiel: Nokia bezeichnet seine Mission als »Connecting People«: »Indem wir Menschen miteinander verbinden, tragen wir dazu bei, ein grundlegendes menschliches Bedürfnis nach Kontakt und sozialen Beziehungen zu erfüllen. Nokia baut Brücken zwischen den Menschen – wenn sie voneinander getrennt sind, aber auch wenn sie einander gegenüberstehen. Darüber hinaus verschafft Nokia den Menschen Zugang zu den von ihnen benötigten Informationen.« Ob Nokia diese Ziele erreicht oder nicht, lässt sich unmöglich evaluieren. Woran soll man erkennen, dass Brücken zwischen den Menschen gebaut worden sind? Wie soll gemessen werden, dass Nokia »den Menschen« Zugang zu den von ihnen benötigten Informationen verschafft hat?

4. Der Wertehierarchisierungstest

Ein weiteres Kriterium zur Erkennung des Werte-Charakters von Leitbildern ist, dass sich Werte in der Regel einer eindeutigen Hierarchisierung entziehen beziehungsweise, dass sie, wenn sie sich hierarchisieren lassen, ihren Charakter als Wert verlieren. Strategien dagegen ordnen Aspekte hierarchisch an. Die Entscheidung für den Einstieg in das Segment der Mittelklassewagen bedeutet – bei begrenzten Ressourcen – notgedrungen den Verzicht auf die Erschließung anderer Marktsegmente.

Die Testfrage lautet, ob die verschiedenen mobilisierten Werte hierarchisch geordnet werden können: Ist Aktionärsorientierung wichtiger als Mitarbeiterorientierung? Entscheidet man sich im Konfliktfall immer für den Kunden, nicht für den Mitarbeiter? Leitbilder verzichten häufig auf diese Hierarchisierung von Werten und propagieren stattdessen deren Vereinbarkeit. Organisationen der sozialen Hilfe propagieren in ihren Leitbildern Werte wie Menschenrechte, Umweltschutz, wirtschaftliche Dynamik, Hilfe für die Bedürftigsten und die regelgerechte Verwendung von Steuergeldern, Werte, die, so die abstrakte Annahme, nicht nur miteinander vereinbar seien, sondern sich außerdem gegenseitig stützten und verstärkten. Es wird einfach ausgeblendet, dass diese unterschiedlichen Werte in den konkreten Entscheidungssituationen der Entwicklungszusammenarbeit häufig jedoch zu Konflikten führen.

Beispiel: IBM präsentierte lange Zeit ein Leitbild, das den »Dienst am Kunden«, die »Verpflichtung gegenüber den Aktionären«, ein »faires Verhalten gegenüber den Lieferanten« und die »Verantwortung gegenüber der Gesellschaft« verkündete. Aber wäre das Topmanagement bereit, dieses zu priorisieren? Wäre beispielsweise ein Topmanager von IBM bereit zu sagen, dass der »Dienst am Kunden« wichtiger sei als die »Verpflichtung gegenüber den Aktionären«? Oder wäre man bei IBM bereit zu sagen, dass die Steigerung der Profite für die Aktionäre im Notfall auch auf Kosten der »Verantwortung gegenüber der Gesellschaft stattfinde«? Vermutlich nicht.

Leitbilder und informale Strukturen – das angespannte Verhältnis zur Organisationskultur

Das Management setzt besondere Hoffnung darin, über Leitbildprozesse auf die Organisationskultur – die informalen Strukturen – eines Unternehmens, einer Verwaltung, eines Krankenhauses oder einer Schule einzuwirken. Der Prozess zur Formulierung eines Leitbildes lässt einen alten Wunschtraum des Managements wieder aufleben: Man hofft, damit die informalen Netzwerke, die verdeckten Anreizstrukturen und impliziten Denkschemata so gestalten zu können, dass sie im Sinne des Unternehmens wirken. Ein Leitbild als gestaltbarer Erfolgsfaktor soll die »weichen Faktoren« der Organisationskultur in den Griff bekommen. Der Erfolg eines Unternehmens, einer Verwaltung oder einer Universität hänge nicht, so die These, vorrangig von deren formaler Organisationsstruktur, sondern von der Organisationskultur ab, und diese lasse sich durch Leitbildprozesse beeinflussen.

Die Herausforderung besteht jedoch darin, dass sich die Organisationskultur – in den informalen Strukturen – dem direkten Zugriff des Managements entzieht. Informal sind all jene Erwartungen in der Organisation, die *ohne* Bezug zu den Mitgliedschaftsbedingungen formuliert werden (oder werden können). Eine Chefin kann informale Erwartungen – beispielsweise länger als die gesetzliche Arbeitszeit zu arbeiten – an ihre Mitarbeiter herantragen, eine Abmahnung mit der Begründung, ihre informalen Erwartungen an eine Untergebene seien nicht erfüllt worden, kann sie jedoch bei Nichtbefolgen nicht aussprechen. Jedes Justiziariat einer Verwaltung, jedes Militärgericht einer Armee und jedes Schiedsgericht einer Partei würde den Prozess verlieren, wenn es zugeben müsste, dass ein Mitarbeiter zwar gegen informale Erwartungen der Organisation verstoßen habe, formal aber richtig gehandelt habe.

Informalität wird gern als der »Hort von Menschlichkeit« – als die »menschlichen Beziehungen« in einem »stahlharten Gehäuse« der Organisationen – missverstanden. Hier könnten die »Menschen« noch »Menschen« sein, während ansonsten durch die Organisation vermittelte Härten »kapitalistischer Ausbeutungsverhältnisse«, »bürokratischer Verwaltungsideologien« oder »entfremdeter Arbeitstätigkeiten« wirken würden. In der Informalität könne sich, so die teilweise immer noch verbreitete Sichtweise, ein gefühlvoller, spielerischer Umgang zwischen Menschen entwickeln, während sie ansonsten als Rädchen in der Maschine zu funktionieren hätten.

Dieser Versuch, Informalität mit humanistischer Prosa zu beschreiben, ist jedoch irreführend. Die Initiationsriten, mit denen Internate, Armeeeinheiten oder Burschenschaften Neulinge auch informal in die Organisation aufnehmen, sind nicht immer mit der UN-Charta für Menschenrechte vereinbar. Die Methoden, mit denen Cliquen in Organisationen ihre informalen Erwartungen durchsetzen, sind häufig brutaler als die – durch die Formalität beschränkten – Durchgriffsmöglichkeiten der Vorgesetzten.

»Halbgötter am Hafen« – Organisationskultur am Containerterminal

Als Hafenarbeiter wurden im 19. Jahrhundert Tagelöhner rekrutiert, die morgens an der Kaimauer vom sogenannten »Einteiler« für das Be- und Entladen von Schiffen ausgesucht wurden und die ihre Lohntüte abends in dafür ausgewählten Hafenkneipen abholen konnten. Die Einteiler waren mächtige Leute, entschieden sie doch über Lohn und Brot und darüber, ob man die begehrte Mehrarbeit bekam, wer tagsüber oder nachts arbeiten durfte oder wer gar für den Bananenschuppen eingeteilt wurde.

Mit der Zeit bekamen immer mehr Beschäftigte Festanstellungen, und die Arbeitsbedingungen in den stark mitbestimmungspflichtigen Hafenbetrieben verbesserten sich zusehends. Heute sind für Festangestellte nicht mehr alle Wochenend- oder Nachtschichten verpflichtend. Bei Abfertigungsspitzen droht jedoch immer wieder Personalnotstand, wenn alle Mitarbeiter ihre Pflichtschichten bereits geleistet haben.

Aber nach wie vor sind es die Einteiler, die darüber entscheiden, wer vom verfügbaren Personal welchem Schiff zugeteilt wird. Sie sind, so ein Hafenarbeiter, »Halbgötter am Hafen – das ist halt die Hafenkultur«. Nach wie vor entscheiden diese »Halbgötter« über Geld und Annehmlichkeiten: Wird man einem Schiff zugeteilt, auf dem die Arbeit mit gut bezahlten Überstunden verbunden ist, oder einem, auf dem die Arbeit gegebenenfalls sogar schon vor Schichtende erledigt ist? Bekommt man Fahrgeräte mit oder ohne Radio? Arbeitet man mit Kollegen zusammen, auf die man sich verlassen kann? Wird man für die gewünschten Schichten eingeteilt oder gar spontan für den nächsten Tag auf die Nachtschicht geschoben?

Einerseits sind die Einteiler darauf angewiesen, dass sich zu Stoßzeiten auch freiwillig Arbeiter für die notwendige Mehrarbeit finden. Andererseits können sie den Arbeitern die Schichten angenehmer oder unangenehmer gestalten und die gut bezahlten Mehrarbeitsstunden nach eigenem Gutdünken verteilen. So findet abseits der tariflichen Rahmenbedingungen ein reger Tauschhandel zwischen Einteilern und Hafenarbeitern statt.

Genauer: Da über die Zuteilung von Mehrarbeit, Geräten oder Schichten formal entschieden worden ist, ist das »Deal Making«

eine mit der Formalstruktur zwar nicht kompatible, aber geduldete informale Handlung. Die Macht der Einteiler ist weder gottgegeben noch in der Geschichte des Hafens begründet – das tägliche Ringen ist für die Organisation aber hoch funktional: Die Einteiler sind in der Lage, den Personaleinsatz relativ knapp zu planen, weil sie über kleine Deals formal freiwillige Mehrarbeit verbindlich einfordern können. Es wird kooperiert und gemauschelt, aber ganz anders, als es sich die Erfinder des Leitbildes des Hafens vorgestellt haben.

Es zeigt sich also, dass eine durch ein Leitbild beeinflusste Organisationskultur sich nicht – wie teilweise vom Management erhofft – als »Magic Bullet« eignet, mit der die Steuerungsprobleme in Unternehmen, Verwaltungen oder Krankenhäusern angegangen werden können. Der Begriff der Organisationskultur ist zu einer Art »Fetisch« geworden, mit dem zwar einerseits oberflächlich den klassischen Steuerungsvorstellungen abgeschworen werden konnte, andererseits aber versteckt die Vorstellung an eine, wenn auch schwerer zugängliche, Ordnung aufrechterhalten werden konnte. Die Möglichkeiten, direkt auf die Kultur einer Organisation einzuwirken, sind jedoch gering (vgl. auch die Kritik von Luhmann 2000, S. 239).

Das Problem ist, dass das Management zwar an einem Idealbild seiner Organisationskultur arbeiten kann, für viel Geld Leitbilder von ihren Mitarbeitern und für ihre Mitarbeiter entwickeln lassen und in Workshops wahre Orgien humanistischer Prosa vor der Belegschaft ausbreiten kann, es aber keine Gewissheit gibt, dass diese Kulturprogramme bei ihren Mitarbeitern auch haften bleiben. Eingespielte Denkmuster, Werthaltungen und informale Handlungsnormen in Organisationen lassen sich – das ist der Charakter informaler

Strukturen – eben gerade nicht rational beherrschen, formal programmieren und technokratisch verwalten. Eine Organisationskultur entsteht »wie von selbst«. Das schließt Wandel nicht aus, aber »Wandel kann nicht als Änderung, nicht per Dekret eingeführt werden« (Luhmann 2000, S. 243 und S. 245).

Schlimmer noch: Bekennt sich das Management in Sonntagsreden oder in auf Hochglanzpapier gedruckten Leitbildern zu kulturellen Werten, weckt dies bei den Adressaten immer den Verdacht, dass es sich dabei am Ende nur um Lippenbekenntnisse handeln könnte. Mit der Organisationskultur verhält es sich ein bisschen wie mit dem Sex: Das extensive Gespräch darüber löst den Verdacht aus, dass der Verbalisierungssüchtige vielleicht einen besonderen Mangel daran hat. Insofern reagiert die Basis auf die von oben angelegten Organisationskulturprogramme häufig mit Zynismus.

Angesichts dieser beschränkten Wirkung von offiziell verkündeten Wertekatalogen stellt sich in Organisationen die Frage: Welche Funktionen können Leitbilder erfüllen? Und wie kann über den Formulierungsprozess verhindert werden, dass sich Zynismus als ungewollte Nebenfolge des Leitbildes einstellt? Wie legt man einen Leitbildprozess jenseits der zweckrationalen Steuerungsvorstellungen an?

2 Jenseits des Kaskadenmodells der Organisation

Nach den klassischen Paradigma, geprägt durch ein maschinenartiges Verständnis von Organisationen, bildeten Leitbilder die Grundlage für alle Entscheidungen einer Organisation. Man beginne, so die lange Zeit vorgeschlagene Standardvorgehensweise, mit der Formulierung einer Vision als einer grundsätzlich gehaltenen Vorstellung von der künftigen Rolle der Organisation. Diese Vision sollte dann in einem Leitbild, in dem auch Auskunft über die Werte der Organisation gegeben wird, spezifiziert werden. Erst auf der Basis dieses Leitbildes sollten in einem kaskadenartigen Prozess strategische Ziele formuliert werden. Die Kaskade sollte mit einer Liste von Maßnahmen zur Umsetzung der Strategie abschließen, und die Leitbilder sollten so in die Kultur einer Organisation einsickern. Jede höhere Stufe, so die Vorstellung, liefere der nächsttieferen Orientierungen und setze »Planken«, zwischen denen man sich auf der nächsttieferen Stufe bewegen könne.

Grafik 2 Das Kaskadenmodell im zweckrationalen
Organisationsverständnis

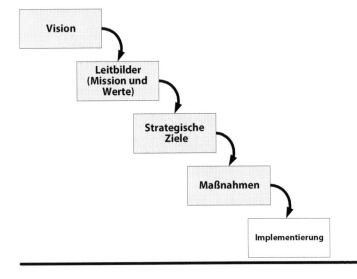

2.1 Das zweckrationale Modell der Organisation

Dieses kaskadenförmige Denken spiegelt sich in einer Vielzahl von neueren Managementkonzepten wider. Bei der Balanced Scorecard werden die zu messenden Kennzahlen aus der Vision und der Mission der Unternehmung, der Verwaltung oder des Krankenhauses abgeleitet (vgl. Kaplan/Norton 1996). Bei dem Kreislaufmodell zur Strategieentwicklung – dem Closed-Loop Management System – steht die Ausarbeitung eines »Vision Statement«, eines »Mission Statement« und eines »Value Statement« am Anfang jeder strategischen Überlegung (vgl. Kaplan/Norton 2008). Bei Qualitätsmodellen wie beispielsweise dem EFQM-Modell wird auch davon ausgegangen, dass ein klares Leitbild Ausgangspunkt für die Umsetzung der Qualitätsanforderungen ist.

Die Organisation wird dabei von einem Oberzweck aus durchdekliniert: Die Spitze der Organisation definiert ein allgemeines Ziel, das erreicht werden soll (z. B. »Wir wollen das führende Pharmaunternehmen im Bereich der Onkologie werden«). Dann werden Mittel bestimmt, mit dem dieses Oberziel am besten erreicht werden kann (z. B. »Wir wollen mindestens vier medikamentöse Blockbuster mit mehr als einer Milliarde Umsatz am Markt haben«). Die definierten Mittel zur Erreichung des Oberziels werden dann wiederum als Unterziele definiert, und es werden Mittel zur Erreichung der Unterziele bestimmt (z. B. »Wir kaufen ein Unternehmen, das einen solchen Blockbuster hat, auf.«). So entsteht eine hierarchische Kette aus Ober- und Unterzielen, mit der jede Handlung in der Organisation durchstrukturiert werden kann (vgl. March/Simon 1958, S. 191).

Auf den ersten Blick hat diese Vorgehensweise Charme, weil sie ein hohes Maß an organisatorischer Stringenz suggeriert. Wie in einer Maschine, so die Vorstellung des Managements, greifen die verschiedenen Prozesse in der Organisation ineinander. Das Resultat ist eine stromlinienförmige Organisation, in der alle Elemente konsistent aufeinander bezogen sind. Mit diesem Modell werden gerade die Steuerungshoffnungen von Topmanagern befriedigt, denen das Kaskadenmodell die Illusion vermittelt, dass sich im Prinzip alle Entscheidungen in einer Organisation aus grundlegenden Überlegungen ableiten lassen.

2.2 Die nur lose Kopplung zwischen Visionen, Missionen, Strategien, Maßnahmen und Praktiken

Die organisatorische Realität sieht jedoch grundlegend anders aus. Nicht selten werden in Organisationen zunächst strategische Stoßrichtungen bestimmt und erst dann detailliert ausgearbeitet. Danach werden Leitbilder und Visionen formuliert, um dem Ganzen den Anstrich einer durchgängigen Logik zu geben. Oftmals initiieren innovative Mitarbeiter Praktiken, durch die Perspektiven für neue Strategien überhaupt erst eröffnet werden. Die Visionen entwickeln sich dann erst aufgrund von diesen von unten eingeführten Praktiken. Manchmal werden Strategien und Leitbilder auch weitgehend unabhängig voneinander vorangetrieben und durch ganz unterschiedliche Akteure in der Organisation entwickelt. Sie sind dann, um die Sprache der neuen Organisationsforschung zu nutzen, nur lose miteinander gekoppelt (Weick 1976).

Häufig werden die Kausalverbindungen zwischen Visionen, Missionen, Strategien, Maßnahmen und Praktiken nur mühsam verbal zurechtgebogen, um insgesamt den Anschein von Kohärenz zu vermitteln: Eine Maßnahme wird so präsentiert, als ergebe sie sich fast zwangsläufig aus einer bestimmten Strategie. Eine verabschiedete Strategie wird so zurechtgetrimmt, dass der Eindruck entsteht, als sei die Strategie als

Ableitung aus einer Vision entstanden. Nicht selten fühlt man sich an die guten alten staatssozialistischen Zeiten erinnert, in der jede Restrukturierung eines Kombinats oder jede Anschaffung einer Maschine durch eine landwirtschaftliche Produktionsgenossenschaft mindestens als Mittel zur Erreichung des Zweckes des staatsweiten Fünfjahresplanes, wenn nicht sogar als direktes Resultat einer Textstelle aus der Marx-Engels-Gesamtausgabe dargestellt wurde.

Abweichungen von der »reinen Lehre« führen – ganz in der Logik des zweckrationalen Organisationsmodells – nur zu einer noch verstärkten Propagierung des Kaskadenmodells. Weicht die alltägliche Praxis von den propagierten Planungsvorstellungen ab, so die Auffassung, dann ist das schlecht für die Praxis; man nimmt dies aber nicht zum Anlass, die Prinzipien der Managementkonzepte zu überdenken. Für Managementvordenker, Organisationsberater und Change-Spezialisten ergibt sich dadurch ein prinzipiell unbegrenztes Betätigungsfeld, weil man die Praktiker in den Organisationen mit immer wieder neuen überarbeiteten Modellen für eine noch elaboriertere kaskadenförmige Organisationsplanung konfrontieren kann.

Nach unserer Erfahrung ist es in Leitbildprozessen nicht sinnvoll, Organisationen immer wieder mit einem reinen, zu Illusionen führenden Kaskadenmodell zu konfrontieren; man sollte vielmehr das Phänomen der nur losen Kopplung von Leitbild- und Strategieentwicklung nutzen. Die Leitbildarbeit setzt dabei auf einer abstrakten Stufe an. Es wird – weitgehend befreit von der bitteren organisatorischen Realität – mit Missionen, Visionen und Werten der Organisation gearbeitet. Der Strategieentwicklungsprozess wird dagegen, nur lose gekoppelt, auf zentrale Entscheidungen der Organisation hin zugespitzt.

Diese Entkopplung ist wichtig, weil die Erarbeitung von Leitbildern einerseits und die Entwicklung von Strategien

Grafik 3 Entkopplung von Leitbild- und Strategiearbeit

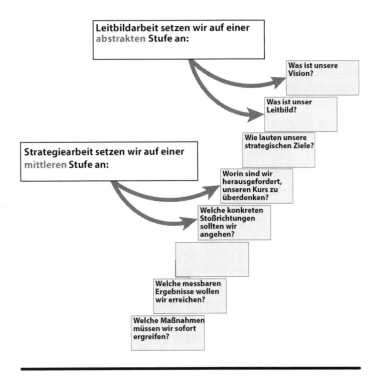

andererseits ganz unterschiedliche, teilweise gegensätzliche Funktionen erfüllen. Organisationen müssten, so der schwedische Organisationsforscher Nils Brunsson (1989), nicht nur grundlegende »Entscheidungen« in Form von Strategien produzieren, sondern auch »Talk« – zum Beispiel in Form von Leitbildern. Dieses »geschönte Gerede« sei notwendig, damit die Organisation die vielfältigen Ansprüche ihrer Mitarbeiter, ihrer Kooperationspartner, ihrer Kunden und der sie beobachtenden Massenmedien befriedigen könne, ohne dass dies immer sofort eine unmittelbare Auswirkung auf die eigentlichen Entscheidungsprozesse hätte.

Einem um »Authentizität« bemühten Manager fällt es erst einmal schwer, die Notwendigkeit zu akzeptieren, dass sowohl grundlegende Entscheidungen in Form von Strategien als auch »Talk« in der Form von Leitbildern produziert werden müssen. Aber die Organisationen haben keine andere Möglichkeit, um der wachsenden Zahl gegensätzlicher Ansprüche gerecht zu werden. Wenn sie versuchen würden, die widersprüchlichen Anforderungen in eine Ordnung zu bringen, würden sie an sich selbst verzweifeln. Leitbildformulierungen bieten also die Möglichkeit, auf der Ebene von »Talk« Konsistenz zu leben und dann in der Praxis so zu entscheiden, wie es nötig ist.

3 Leitbilderarbeitung jenseits eines maschinen- artigen Verständnisses von Organisationen

B ei der Leitbilderstellung haben »Wertekataloge« immer die Spontanplausibilität auf ihrer Seite: »Wir machen alles, was zu einer modernen Personalarbeit gehört« klingt erst einmal gut. Arbeit am Menschen *und* Arbeit an den Organisationsstrukturen; Experten- *und* Prozessberatung; Friede *und* Freiheit – oder wie es in den siebziger Jahren des letzten Jahrhunderts ironisierend hieß »Friede, Freude, Eierkuchen«. Diese Positionen klingen gut, weil sie suggerieren, dass alles gleichzeitig optimiert werden kann: Wir optimieren den Menschen und wir optimieren die Organisationsstruktur. Wir sind Experten in einer Sachfrage und gestalten gleichzeitig die Prozesse. Wir bekommen Frieden, Freiheit, Freude und Eierkuchen.

In der Abstraktion kann man sich mit dieser Sowohl-als-auch-Position immer im Recht wähnen: Als Statement von Politikern, auf Wahlplakaten oder in den Leitbildern von Unternehmen und Verwaltungen macht sie sich ganz hervorragend. Der Soziologe Niklas Luhmann (1977) hat in seinen Überlegungen zum CDU-Parteiprogramm darauf hingewiesen, dass Widersprüche in allen Organisationen schnell »sprachlich homogenisiert« würden. Im Bereich der Erziehung werde bei den Christdemokraten gleichzeitig Chancengleichheit und die Aufteilung der Schüler in Haupt-, Realschulen und Gymnasien propagiert – als wenn sich diese beiden Ansprüche parallel konkretisieren ließen. Im Bereich des Staatswesens würden die CDU-Politiker einerseits die Achtung vor den Gesetzen einfordern und andererseits die sittliche Verantwortung predigen, ohne zu bemerken, dass zwischen diesen beiden Werten Konflikte auftreten können und ein solcher Wunschkatalog auch dem Programm anderer Parteien ähnelt.

Mit solchen mehr oder minder wilden Sammlungen »toller Werte« geben Organisationen zu erkennen, dass sie ihre Mitarbeiter, ihre Klienten oder ihre Wähler für ziemlich naiv halten. Die Widersprüche zwischen den parallel propagierten Werten sind oft so offensichtlich, dass fast jedem Beobachter klar ist, dass manche der verkündeten Werte häufig jeweils nur auf Kosten eines anderen Wertes existieren können.

Im Folgenden soll anhand von fünf Prinzipien gezeigt werden, wie ein Leitbildprozess jenseits dieser simplen »Wertekataloge« aussehen kann und welche Effekte – bei allen Grenzen dieses Instruments – damit erzielt werden können.

3.1 Zwischen Harmonisierung und Benennung widersprüchlicher Anforderungen

Jedes Unternehmen und jedes Krankenhaus, jede Universität und auch – um ein für Unternehmensvertreter exotischeres Beispiel zu wählen – jede Polizeiorganisation muss Wertwidersprüche ertragen. Unternehmen müssen Erwartungen ihrer Kunden, ihrer Aktionäre und ihrer Mitarbeiter erfüllen – Anforderungen, die sich nicht immer kombinieren lassen. Krankenhäuser beispielsweise müssen eine möglichst gute medizinische Versorgung ihrer Patienten sicherstellen, Forschungen über Krankheiten vorantreiben und gleichzeitig dafür sorgen, dass genug Geld in die Kasse kommt. Universitäten bewegen sich zwischen so unterschiedlichen Anforderungen wie Exzellenz in der Forschung und Konzentration auf die Lehre – Bedingungen, die wohl nur in den Humboldt'schen Wunschträumen vereinbar waren. Die Polizei muss einerseits möglichst viele Kriminelle fassen, sich aber andererseits an die häufig einschränkenden rechtlichen Vorgaben halten.

Organisationen könnten jetzt versuchen, die unterschiedlichen, häufig konkurrierenden Werte in ein eindeutiges Rangverhältnis zu bringen, und damit den Mitarbeitern eine klarere Orientierung bieten. Ein Unternehmen kann sich dazu bekennen, dass Profit seine einzige Maxime ist, und alle anderen Wertorientierungen ignorieren. Oder eine Universität könnte versuchen, sich bei Ressourcenentscheidungen prinzipiell für das Ziel einer vorbildlichen Lehre zu entscheiden und den Rückgang von Forschungstätigkeiten in Kauf zu nehmen.

Die Festlegung solcher eindeutigen Rangverhältnisse bedeutet jedoch immer den Verlust von Handlungsmöglichkeiten. Ein Unternehmen, das sich einer Profitorientierung so konsequent verschreibt, dass ihm die Zufriedenheit der Mitarbeiter oder die Akzeptanz in der Region gleichgültig ist, gerät schnell in Legitimationsschwierigkeiten. Ein Unternehmen, das als einziges Ziel »Profit, Profit, Profit« angibt, gerät auch in einer Marktwirtschaft in Rechtfertigungsprobleme. Mitarbeiter wollen das Gefühl haben, dass sie täglich acht, neun oder zehn Stunden nicht allein für den schnöden Mammon arbeiten, sondern Teil einer größeren Sache sind. Kunden lassen sich besser an eine Firma binden, wenn man ihnen vermittelt, dass sie nicht gemolken werden, sondern im Mittelpunkt des Unternehmensinteresses stehen. Eine Universität, die sich auf die Exzellenz in der Manager- und Medizinerausbildung konzentriert, gerät – wie in der Vergangenheit die Schwierigkeiten der Privatuniversität Witten-Herdecke zeigten – schnell wegen mangelnder Forschungsleistungen in Existenzprobleme. Letztlich gelingt es Organisationen nie, ihre internen Widersprüchlichkeiten aus der Welt zu schaffen, schon allein deswegen nicht, weil die Erwartungen, die an eine Organisation gerichtet werden, bereits widersprüchlich sind. Aber damit stellt sich immer wieder die Frage nach der Integration der Organisation. Wertformulierungen in Form von Mission Statements oder Leitbildern sind letztlich eine Reaktion auf diese Wertwidersprüche. »Gebt mir ein Leitbild« – das war kurz nach der deutschen Wiedervereinigung das ironisch-distanzierende Motto der Ostberliner Volksbühne, mit dem der Versuch, die Ostdeutschen nach der Wende für einen neuen Wertecocktail aus parlamentarischer Demokratie und Marktwirtschaft zu gewinnen, kommentiert wurde.

Im klassischen Paradigma der Leitbilderstellung setzen – wie gezeigt – Unternehmen, Verwaltungen, Krankenhäuser und Universitäten darauf, die Widersprüchlichkeiten, mit denen sie und damit auch ihre Mitarbeiter konfrontiert werden, zu verdecken. So propagierte eines der ersten Leitbilder von IBM noch gleichzeitig die »Achtung vor dem Einzelnen«, den »Dienst am Kunden«, die »Verpflichtung gegenüber Aktionären«, »faires Verhalten gegenüber Lieferanten« und die »Verantwortung gegenüber der Gesellschaft«. Damit wurde suggeriert, dass die Interessen von Mitarbeitern, Lieferanten, Aktionären, Kunden und gesellschaftlichen Interessengruppen nicht im Widerspruch zueinander stünden und von IBM und seinen Mitarbeitern parallel befriedigt werden könnten. Bei McDonald's hieß es in einer ersten Fassung eines Leitbildes, dass McDonald's »vieles zugleich« sei: »Arbeitgeber«, »Sozialpartner«, »Franchise-Partner«, »Qualitätsmanager« und »vieles mehr«. »Am liebsten« – und hier werden die widersprüchlichen Ausrichtungen dann verdeckt, sei McDonald's die »Rolle als Gastgeber«. Bei einer der ers-

ten Varianten eines Leitbildes eines großen Verlages wurde
gefordert, dass die Grundprinzipien wie »dezentrale Organisation«, »Pluralismus in der Programmarbeit«, »Mitarbei-
terbezogenheit«, »gesellschaftliches Engagement« und »kul-
turelle Orientierung« »in einem harmonischen Verhältnis
zueinander stehen« sollten und einander nicht »widerspre-
chen« dürften.

Leitbilder geben die Wertwidersprüche einer Organisation an die Mitarbeiter weiter – die Widersprüchlichkeit häufig nur notdürftig kaschierend. Auf der einen Seite sollen die
Mitarbeiter als »Unternehmer im Unternehmen« miteinander konkurrieren, auf der anderen Seite sollen sie gemeinsam
an einem Strang ziehen. Einerseits wird von den Mitarbeitern erwartet, dass sie ihren eigenen Weg gehen, andererseits sollen sie das Gesamtziel des Unternehmens nicht aus
den Augen verlieren. Es soll für Querdenker mit ihrer Krea-
tivität und Flexibilität Platz sein, aber gleichzeitig sollen die
Ressourcen des Unternehmens möglichst effektiv eingesetzt
werden.

Unserer Erfahrung nach nehmen diese »Wir-befriedigen-
alle-gleichzeitig-und-gleichrangig-Formeln« den Leitbildern
die Orientierungswirkung. Mitarbeiter sind andauernd gefordert, sich zwischen unterschiedlichen Wertwidersprüchen
zu entscheiden – sie müssen überlegen, ob sie eine Entscheidung für ein neues, profitables Kohlekraftwerk durchdrücken,
wissend, dass diese Entscheidung in großen Teilen der Bevöl-
kerung nicht auf Gegenliebe stoßen wird. Manager müssen
entscheiden, ob sie trotz akzeptabler Profitraten Mitarbeiter
entlassen, um den Aktionären eine noch höhere Dividende
zahlen zu können. Wenn Leitbilder versuchen, diese alltäglichen Widersprüche mit allzu harmonischen Formeln zu über-
decken, dann reduziert dies nicht nur häufig ihre Wirkung,
sondern dies kann gar kontraproduktive Folgen haben. Mitarbeiter fragen sich, wie das Management sie mit so »schönen

Formeln« konfrontieren kann, die doch offensichtlich so gar nicht mit ihrem Arbeitsalltag übereinstimmen.

Eine von uns häufig vorgeschlagene Variante besteht darin, die sich widersprechenden Anforderungen eines Leitbildes offensiv als Widersprüche zu benennen. Man macht darauf aufmerksam, dass der »Dienst am Kunden«, die »Verpflichtung gegenüber Aktionären«, ein »faires Verhalten gegenüber Lieferanten« und die »Verantwortung gegenüber der Gesellschaft« in Widerspruch zueinander stehen können und dass die Organisation dann von Fall zu Fall entscheidet, welcher Anspruch vorrangig bedient wird.

In einem Leitbildentwicklungsprozess für eine Hotelkette wurde beispielsweise von den Beratern darauf gedrängt, die widersprüchlichen Ziele in der Präambel des Leitbildes zu benennen: die Ausrichtung auf ein einheitliches Corporate Design *und* das regionale Flair jedes einzelnen Hotels, die Ausrichtung der einzelnen Hotels an einem eigenen Betriebserfolg *und* die Ausrichtung am Gesamterfolg der Kette. Das Personal soll bestimmte Qualitätsstandards erfüllen *und* sich Natürlichkeit und Individualität im Auftritt bewahren. Mit der Formel, dass es um die »richtige Mischung von widersprüchlichen Zielen« gehe, wurde betont, dass von den Mitarbeitern erwartet werde, sich innerhalb dieser widersprüchlichen Anforderungen selbständig zu bewegen.

Die Bereitschaft, solche »Widersprüchlichkeitsvarianten« zu wählen, findet sich besonders bei Organisationen aus dem Bereich der Gesundheitsversorgung und der sozialen Hilfe. Bei der Diakonie wird dieser Spagat im Leitbild direkt benannt, wenn einerseits Menschen mit geistiger Behinderung an möglichst vielen Entscheidungsprozessen partizipieren können, gleichzeitig aber versucht wird, auch die gesetzlichen Qualitätsstandards in den Organisationen der sozialen Hilfe durchzusetzen. Im Leitbild des Klinikums der Philipps-Universität Marburg wird ausdrücklich darauf verwiesen, dass sich die Arbeit in einem Spannungsfeld unterschiedlicher Erwartungen bewegt: Erwartungen der Patienten, Erwartungen der Gesellschaft, die Erwartung, dass die Gebote der Wirtschaftlichkeit gewahrt werden, und Interessen in Lehre und Forschung.

Zugegeben: Weder Leitbilder der »Widersprüchlichkeitsvariante« noch jene der »Harmonisierungsvariante« strukturieren konkret das Handeln der Mitarbeiter. Während die Mitarbeiter in der Harmonisierungsvariante jedoch häufig mit einer illusorischen Vorstellung von Organisation eingenebelt werden, werden sie in der anderen Variante auf die organisatorische Realität vorbereitet.

Das Leitbild einer asiatischen Entwicklungsbank – die Positionierung innerhalb von Spannungsfeldern

In einem Leitbildprojekt einer Entwicklungsbank wurden zu einem sehr frühen Zeitpunkt in Vorgesprächen mit dem Management die sechs Spannungsfelder identifiziert, in denen sich die Organisation seit ihrer Gründung vor sieben Jahren bewegt und vermutlich auch die nächsten Jahre bewegen wird. Diese Spannungsfelder gleichen denen anderer nationaler Förderbanken sowohl in Entwicklungs- als auch in Industrieländern.

- Ausrichtung auf hohe Profitabilität im eigenen Bankengeschäft versus Konzentration auf entwicklungspolitisch wünschenswerte, ökonomisch aber häufig riskante Geschäfte.

- Ausrichtung auf den staatlichen Hauptauftraggeber – das Planungsministerium des Landes – oder Ausrichtung auf mehrere staatliche und halbstaatliche Auftraggeber.

- Homogener Auftritt aller regionalen Abteilungen (Themen, Kreditvolumina, strategische Ausrichtungen) versus Zulassen von Heterogenität der Abteilungen, die sich aufgrund von unterschiedlichen regionalen Gegebenheiten des aus vielen Inseln bestehenden Landes ergibt.

- Betonung des eigenen Profils als nationale Entwicklungsbank versus Betonung von multinationalen Kooperationsprojekten, besonders mit der Asian Development Bank, mit denen zwar ein besserer Hebel angesetzt werden kann, der eigene Beitrag aber häufig nicht sichtbar ist.

- Fokus auf Kernkompetenzen – zwei Segmente, in denen die Bank in Asien eine hohe Reputation aufgebaut hat – versus breite Ausrichtung auf alle Kreditvorhaben, die zurzeit politisch gewünscht und ökonomisch einigermaßen interessant sind.

In einem der ersten Workshops mit dem Management wurde die »Spannungsfeldspinne« zur Diskussion gestellt und aufgrund der Anregungen geschärft. Dann wurde in einstündigen Workshops mit den Mitarbeitern abgefragt, wie die nationale Entwicklungsbank in ihrer Wahrnehmung gerade verortet ist. In den Workshops und Einzelgesprächen wurde zusätzlich noch abgefragt, wie die Entwicklungsbank sich zukünftig strategisch verorten sollte. Die Einschätzungen wurden quantitativ auf einer Skala »++ | + | o | + | ++« abgegeben (mithilfe von Punkten, die gleichzeitig von Teilnehmern auf die Skala geklebt wurden) und dann mit Begründungen untermauert. Die Ergebnisse der Ist- und der Soll-Einschätzungen wurden sowohl quantitativ (durch einfaches Zusammenzählen) als auch qualitativ (durch Kondensierung der Hauptaussagen) ausgewertet und in Phase 3 dem Management präsentiert. In dem Workshop wurde dann die meiste Zeit damit zugebracht, wünschenswerte Positionierungen für alle Span-

nungsfelder herauszuarbeiten. Dabei gab es sowohl Formulierungen, die den Wunsch zum Ausdruck brachten, zukünftig eine
dieser Positionen stärker zu betonen (z. B. größere Homogenität
im Auftritt) als auch Aussagen des Managements, dass sich die
Bank in diesem Spannungsfeld in der alltäglichen Arbeit immer
wieder neu entscheiden müsse und es zur Professionalität der Mitarbeiter gehöre, situationsbedingt die jeweils geeignete Entscheidung zu treffen.

Je näher eine interne oder externe Veröffentlichung des Leitbildes rückt, desto stärker ist der Drang zu »Harmonisie-
rungsvarianten«. Letztlich werden nicht viele Unternehmen
in der Lage sein, die »Widersprüchlichkeitsvariante« auch
in ihrer offiziellen Innen- und Außendarstellung zu verwenden, aber je länger die widersprüchlichen Anforderungen im
Prozess der Leitbilderstellung aktuell gehalten werden, desto
realitätsnäher sind die Auseinandersetzungen, die in einem
solchen Prozess geführt werden. Aufgabe der für die Leitbilderstellung Zuständigen ist es, die widersprüchlichen Anforderungen, die an die Organisation gestellt werden, solange wie
möglich in der Diskussion zu halten und dem Trend entge-
genzuwirken, die Widersprüchlichkeiten allzu schnell in har-
monisierenden Formeln aufzulösen.

3.2 Zwischen Orientierung an Moden
und Organisationsspezifika

Leitbilder bedienen sich häufig allgemein akzeptierter Werte, und weil sich fast alle Organisationen an diesen allgemein
akzeptieren Werten orientieren, ähneln sich ihre Leitbilder

stark: In fast jedem Leitbild eines Unternehmens ist vom »Fokus auf den Kunden« die Rede, die Mitarbeiter werden »als wichtigste Ressource« gelobt und die »Verantwortung für die Gesellschaft« wird zelebriert. Mit Blick auf die internen Abstimmungsmechanismen wird in fast jedem Unternehmensleitbild gefordert, dass »Mitarbeiter als Unternehmer im Unternehmen« wirken sollen und dass sie andere Abteilungen wie »interne Kunden« behandeln sollen.

Häufig werden auch noch Aspekte aus aktuellen Managementmoden in die Leitbilder integriert. Während sich früher Vorstellungen von der »Fabrik als Uhrwerk« oder von »menschenleeren Fabriken« in Leitkonzepten vieler Unternehmen fanden, dominierten später Schlagworte wie »Total Quality Management«, »Customer Focus« oder »Boundaryless Organization«. In den neunziger Jahren des zwanzigsten Jahrhunderts fanden sich in vielen Leitbildern Bekenntnisse zu »Lean Management« und »Business Process Reengineering«, die dann – mit dem Abflachen der Modewelle – durch Selbstbeschreibungen wie »lernende Organisation« oder »wissensbasierte Unternehmung« ersetzt wurden.

Die Orientierung an Leitbildern von »Vorreiterorganisationen« und das Übernehmen von gesellschaftlichen Werten, die allgemein als »gute Praxis« angesehen werden, wird als »Organisationsmimetik« bezeichnet. Unternehmen, Verwaltungen, Krankenhäuser, Schulen und Universitäten streben danach, sich zu allgemein akzeptierten gesellschaftlichen Werten wie Umweltschutz, Demokratie oder Nachhaltigkeit zu bekennen oder sich an den Leitvorstellungen der Vorreiterunternehmen zu orientieren, die in der Branche im Moment als »Best Practice« angesehen werden.

Die Aufnahme dieser Prinzipien in das eigene Leitbild, die Übernahme aktuell populärer Managementkonzepte oder die Beauftragung bzw. Einstellung angesagter Berater bzw. Führungskräfte – all dies hat die Funktion, Legitimität zu produzieren. Von John W. Meyer und Brian Rowan ist bereits in den siebziger Jahren des zwanzigsten Jahrhunderts nachgewiesen worden, dass Unternehmen, um Erfolg zu haben, nicht nur darauf angewiesen sind, sich so effizient zu organisieren, dass sie sich refinanzieren können und für die Kapitalbesitzer erträgliche Renditen abwerfen, sondern auch darauf, in ihrer Umwelt – in der Politik, in den Massenmedien und manchmal auch in der Wissenschaft – entsprechende Akzeptanz zu finden. Für Verwaltungen, Krankenhäuser, Universitäten oder auch Unternehmen, die neben der Produktion von Gewinn auch noch einen Förderauftrag haben, ist diese gesellschaftliche Akzeptanz noch wichtiger. Leitbilder, die an allgemein akzeptierte Werte anknüpfen, sind – gerade wegen deren gesellschaftlicher Akzeptanz – ein immer häufiger eingesetztes Instrument, um diese Legitimität zu erreichen. Es ist für Manager sehr wohl sinnvoll, sich auf allgemein akzeptierte Werte zu berufen, die von Begründungspflichten entlasten und die auch außerhalb der Organisation anerkannt sind (vgl. dazu Meyer/Rowan 1977).

Die Bedienung allgemein akzeptierter Werte birgt aber ein hohes Risiko: Je mehr Organisationen sich – häufig noch mit sehr ähnlichen Formulierungen – zu den gleichen Werten bekennen, desto mehr geht der spezifische Charakter der einzelnen Organisationen verloren (vgl. dazu Deephouse 1999). Häufig kann man beim Lesen von Leitbildern den Eindruck gewinnen, dass sie mit der Copy-and-paste-Taste von anderen Organisationen übernommen worden sind oder dass die beteiligten Beratungsfirmen oder Werbeagenturen Textelemente aus anderen Leitbildprozessen übernommen haben. Gerade kleinere Organisationen oder Organisationseinheiten, die entweder durch die Holding oder durch gesetzliche Vorgaben zur Erstellung von Leitbildern verpflichtet werden, scheinen häufig auf bewährte Formulierungen anderer zurückzugreifen.

Die Risiken der inhaltlich sehr ähnlichen Leitbilder liegen auf zwei Ebenen: Die Orientierungswirkung für den einzelnen Mitarbeiter ist sehr gering, wenn es sich nicht um einen für die Organisation spezifischen Wert handelt, sondern alle Organisationen sich diesem Wert verpflichten, und die Legitimationswirkung nimmt mit zunehmender Ähnlichkeit der Leitbilder ab. Ein Leitbild, das sich nicht die Mühe macht, zu sagen, was der besondere Beitrag einer Organisation ist, kann eben keine Legitimität erzeugen.

Unsere Handlungsempfehlung ist deswegen, den Anteil an allgemeinen, in allen Leitbildern zu findenden Wertbekenntnissen so gering wie möglich zu halten. Auf Bekenntnisse wie das »Befolgen von Gesetzen«, den »Schutz der Umwelt«, den »Verzicht auf Bestechung«, die »Orientierung am Kunden« oder die Propagierung der »Mitarbeiter als wichtige Ressource« können viele Unternehmen im westeuropäischen oder nordamerikanischen Raum verzichten. Anders sieht es lediglich bei Unternehmen aus, in deren Umfeld eine solche Praxis nicht gang und gäbe ist. Für einen deutschen Elektronikkonzern, der sich Aufträge in Lateinamerika, Osteuropa, Asien oder Afrika über die Zahlung von Bestechungsgeldern gesichert hat, kann es sehr wohl – aus Gründen der Legitimation nach außen und der Orientierung nach innen – angeraten sein, sich in einem Leitbild offensiv und ausführlich zum »Verzicht auf Bestechung« zu bekennen. Sowohl für die Mitarbeiter als auch für die externen Beobachter eines nordamerikanischen Fruchtunternehmens, das in dem Ruf steht, Diktaturen in Mittelamerika zu unterstützen, für massive Umweltzerstörungen auf Großplantagen und die gesundheitlichen Probleme seiner Mitarbeiter verantwortlich zu sein, kann das im Firmenleitbild festgehaltene Bekenntnis zu Demokratie und Umwelt- und Gesundheitsschutz eine relevante Information sein.

Parallel zur Reduzierung – oder gar zum Verzicht – auf

Aussagen, die sich in fast allen Leitbildern finden lassen, geht es unseres Erachtens darum, in den Leitbildern Formulierungen zu finden, die die Besonderheiten der jeweiligen Organisation hervorheben. Zur Überprüfung, ob in den Leitbildern das Kriterium der Spezifik erreicht wird, setzen wir – je nach Bedarf – in den Workshops verschiedene Werkzeuge ein.

1. Das »Woran-erinnern-Sie-sich«-Werkzeug

Gerade bei Unternehmen, die bereits ein Leitbild oder sogar mehrere haben, ist es eine interessante Übung, Mitarbeiter zu fragen, an welche Aspekte des Leitbildes sie sich erinnern. Diese Frage kann von Beratern in Workshops oder in Gesprächen zur Vorbereitung eines neuen Leitbildprozesses eingesetzt werden. Oftmals ist es auch aufschlussreich, wenn ein Topmanager zwei, drei Jahre nach Erstellung eines Leitbildes einigen Mitarbeitern einmal diese Frage stellt. Es ist interessant, wie wenig in vielen Fällen hängen geblieben ist. Der Grund dafür ist, dass sich in den alten Leitbildern zu viele Selbstverständlichkeiten finden. Beispiel: Bei einem großen deutschen Automobilkonzern war es interessant, dass mehrere Mitarbeiter der Produktion sich an keinen einzigen Aspekt ihres Leitbildes erinnern konnten – und das, obwohl sie eigentlich dazu verpflichtet waren, eine Kurzfassung als Plastikkarte immer bei sich zu führen.

2. Das »Überraschungsabfrage«-Werkzeug

In der Phase, in der das Management die Konturen des zukünftigen Leitbildes erarbeitet hat und diese im Kreis der Mitarbeiter das erste Mal zur Diskussion stellt, bietet sich die Frage an, von welchen Aspekten des Leitbildes die Mitarbeiter überrascht sind.

Diese Frage kann aber auch zur Evaluierung eines bereits bestehenden Leitbildes verwendet werden. Beispiel: Bei einer französi-
schen Bank äußerten fast alle befragten Mitarbeiter ihre Überra-
schung darüber, dass sich die Bank in ihrem Leitbild dazu bekannt
hat, dass nicht jedes interne Dokument die Perfektion haben muss
wie ein Dokument, das nach außen gegeben wird.

3. Das »Unterschiedlichkeitsüberprüfungs«-Werkzeug

Eine Maßnahme, mit der man in fortgeschrittenen Phasen eines
Leitbildprozesses die Qualität des Erarbeiteten erschließen kann,
ist es, zusätzlich vier, fünf Leitbilder von Unternehmen der gleichen Branche zum Vergleich heranzuziehen. Alle diese Leitbilder,
auch das eigene, werden anonymisiert, und ihre jeweiligen Kernaussagen werden markiert. Wenn es den Mitarbeitern nicht gelingt, das Leitbild der eigenen Organisation zu identifizieren, ist
dies ein deutliches Indiz dafür, dass die Organisationsmimetik zu
stark durchgeschlagen hat. Beispiel: Gerade bei Unternehmen
des Einzelhandels fällt die Ähnlichkeit der Leitbilder auf. Bei diesen Unternehmen besteht eine besondere Herausforderung darin,
herauszuarbeiten, was beispielsweise das Spezifische der Unternehmen Aldi, Lidl oder Penny sein soll.

4. Das »Das-wollen-wir-nicht-sein«-Werkzeug

Organisationen fällt es immer leicht, zu benennen, wie sie gern
wahrgenommen werden wollen, es fällt ihnen aber schwer, zu sagen, welches Bild sich die eigenen Mitarbeiter, die Kunden oder
externe Beobachter tatsächlich von ihnen machen (sollen). Also
verzichtet man lieber darauf, danach zu fragen, um sich klar po-
sitionieren zu können. Wir schlagen vor, in Workshops mit Managern oder auch mit Mitarbeitern eine Abfolge von drei Fragen zu
stellen: »Was sind wir?«, »Was sind wir auch? (oder vielleicht doch
nicht)?« und »Was sind wir nicht?«. Besonders die Antworten auf

die dritte Frage verschaffen häufig Klarheit darüber, wie die Organisation aus der Sicht anderer positioniert sein sollte. Beispiel: Bei einem großen Konzern, der sich in den letzten zwanzig Jahren erfolgreich im Bereich von Luxusgütern positioniert hat, konnte so herausgearbeitet werden, dass man »als Unternehmen zwar modisch ist, aber nicht als Trendsetter in der Mode wahrgenommen werden will«. Es konnte definiert werden, dass es zwar um das Erzielen von Profiten geht, dass man aber kein börsennotiertes Unternehmen sein will, das durch den Kapitalmarkt getrieben wird.

5. Das »Bullshit-Bingo«-Werkzeug

Der Trend zu modischen Vokabeln hat dazu geführt, dass Bullshit Bingo auch in Organisationen eine gewisse Popularität erlangt hat. Beim Bullshit Bingo werden vor einer Besprechung, einem Workshop oder einer Tagung häufig benutzte, aber weitgehend nichtssagende Begriffe wie Synergie, Nachhaltigkeit, Vision, kooperativer Führungsstil, Globalisierung, lernende Organisation oder Teamarbeit auf eine Stichwortliste gesetzt. Die Bingo-Spieler verfolgen dann die Vorträge und markieren jedes Mal, wenn ein Vortragender einen dieser Begriffe benutzt hat. Hat ein Mitspieler eine horizontale oder vertikale Linie von Begriffen abgestrichen, ruft er (am besten eher leise) »Bingo« und hat gewonnen.

Es ist unklar, wie häufig Bullshit Bingo gespielt wird oder ob seine Reputation eher auf der Verbreitung über E-Mail basiert. Inzwischen kursieren bereits organisationstypenspezifische, branchenspezifische und unternehmensspezifische Varianten des Bullshit Bingo im Netz. Sie geben einen guten Eindruck davon, welche Begriffe von Mitarbeitern als besonders abgenutzt betrachtet werden. Ein besonders harter Test für ein in der Herstellung befindliches Leitbild ist es, selbiges daraufhin zu untersuchen, inwiefern Begriffe aus dem Bullshit Bingo darin verwendet werden. Dafür

können entweder die generischen Varianten des Bullshit Bingo
oder auch die jeweiligen unternehmensspezifischen Varianten
verwendet werden.

3.3 Zwischen Wunschvorstellungen und Beschreibung der Welt

Häufig lesen sich Leitbilder wie eine Aneinanderreihung von
Wunschvorstellungen darüber, wie ein Unternehmen, eine
Verwaltung oder ein Krankenhaus sein will. So findet sich beispielsweise im Leitbild von Volkswagen die Vorstellung, dass
das Unternehmen die Ziele »Nachhaltigkeit, Umweltverträg-
lichkeit, soziale Verantwortlichkeit, Wertsteigerung, Transparenz und Kontrolle« optimieren sollte. Die Novartis AG stellt
es als Ziel dar, das »Leben vieler Menschen mit Produkten positiv zu beeinflussen, Bedürfnisse zu befriedigen und die Erwartungen sogar zu übertreffen«.

Für die Tendenz, Visionen und Zukunftsvorstellungen zu
erstellen, gibt es gute Gründe. Die Welt der möglichen Zu-
künfte erscheint immer attraktiver als die häufig harte alltägliche Realität, in der sich ein Unternehmen, eine Verwaltung
oder eine Non-Profit-Organisation bewegt. Aber genau hier
liegt auch das Problem. Wenn das Zukünftige zu stark betont
wird, stellen Leitbilder das dar, was die »Organisationen nicht
sind«. Weil ständig die Gefahr lauert, dass das »Bild des Zukünftigen« zu sehr im Kontrast zur Realität steht, fallen Leitbilder häufig nur flach aus.

Es ist daher ratsam, die in die Zukunft weisenden Elemente – die Visionsaspekte – eines Leitbildes sehr sorgsam zu setzen und sie nicht zu blumig zu formulieren. Aussagen wie
»Wir wollen die innovativste Firma in unserer Branche sein«

verpuffen, weil der Begriff »innovativ« zu viele Interpretationen zulässt. Besser hingegen wäre eine Aussage wie »Wir streben in jedem der von uns bedienten Segmente des Pharmamarkts an, mindestens ein Medikament anzubieten, das zu den drei meistverkauften im Markt gehört«.

Anstatt ein Leitbild mit Zukünftigem, Visionen und Idealen zu überfrachten, empfiehlt es sich, es dafür zu nutzen, um Mitarbeitern, Auftraggebern, Kunden und Partnern eine genaue Beschreibung darüber zu bieten, in welchem Umfeld sich die Organisation bewegt und wie sich die Organisation in diesem Umfeld verortet sehen will. Für die nationale asiatische Förderbank beispielsweise wurden in einem Leitbildprojekt mittels folgender Fragen die relevanten Umfeldbedingungen definiert: Wie ist das Verhältnis zum staatlichen Hauptauftraggeber, und welche Rolle spielen neue mögliche staatliche, halbstaatliche oder privatwirtschaftliche Kunden für die Organisation? Wie wird das Selbstverständnis als nationale Förderbank gesehen, und welche Rolle spielt die Kooperation mit einer Vielzahl multinationaler Förderbanken? Geht es der Bank darum, mit möglichst hohen Krediten große Effekte zu erzielen, oder kommt es eher darauf an, in einem schwierigen Umfeld auch mit kleineren Vorhaben Akzente zu setzen? Wie viel Homogenität strebt die Bank in ihrem Auftritt nach außen an, und wie viel Heterogenität ist sie bereit zuzulassen? In welcher Weise sollen Abteilungen intern um Ressourcen konkurrieren, und welche Rolle spielt dabei die interne Kooperation? Der Mehrwert des Leitbildes bestand dann nicht so sehr in ambitionierten Visionen, sondern eher in einer präzisen Beschreibung des Umfeldes, in dem sich die Organisation verortet.

Besonders in Sondierungsphasen ist eine Verständigung über das Umfeld der Organisation und ihre aktuelle Positionierung sinnvoll. Aber auch bei der Ausformulierung hat sich gezeigt, dass es den Rezipienten von Leitbildern Orientierung vermittelt, wenn präzise beschrieben wird, in welchem Umfeld sich die Organisation genau befindet.

3.4 Das gleiche Leitbild für alle oder unterschiedliche Varianten

Dass mit dem gleichen Leitbild, das an Kunden, Zulieferer, Partnerorganisationen, Politiker, Massenmedien und potenziell neue Mitarbeiter gerichtet ist, auch die eigene Belegschaft erreicht wird, führt in vielen Organisationen zu einem Problem: Die Belegschaft hat an einer attraktiven Vorderbühne der Organisation nur bedingt Interesse, weil sie ja in ihrer alltäglichen Arbeit eher Einblicke in die Hinterbühne der Organisation bekommt. Unter diesem Aspekt haben Leitbilder oftmals eine abschreckende Wirkung auf die eigenen Mitarbeiter, weil die ihnen präsentierte, eigentlich eher für Externe gedachte, geschönte Vorderbühne wenig mit der wahrgenommenen, realitätsnäheren Hinterbühne zu tun hat.

Unsere Handlungsempfehlung ist deswegen, das Leitbild, das für die Außendarstellung gedacht ist, wenigstens punktuell von dem Leitbild zu entkoppeln, das mit den Mitarbeitern diskutiert wird. Zugegeben: Der so explizit ausgedrückte Gedanke mag für einige Manager erst einmal ungewöhnlich sein. Normalerweise gehört es zum guten Stil, dass in Unternehmen so getan wird, als wenn die Botschaften, die nach außen gegeben werden, identisch mit dem sind, was im Unternehmen selbst gelebt und gepredigt wird. Unter dem Stichwort der Authentizität wird in Unternehmen propagiert, dass es zwischen der Vorder- und der Hinterbühne möglichst keine Diskrepanzen geben sollte. Die Realität sieht – aus guten Gründen – anders aus.

Jedem Mitarbeiter eines Unternehmens ist klar, dass die Kommunikation dem jeweiligen Gesprächspartner angepasst werden muss. Eine noch unausgegorene Idee sollte nicht immer sofort mit anderen Abteilungen besprochen werden. Nicht alle internen Berechnungen sollten – allen Postulaten der Transparenz zum Trotz – einem Zulieferer gegenüber aufgedeckt werden. Nicht alle Qualitätsprobleme sollten sofort einem Kunden mitgeteilt werden. Die Informationen für Aktionäre eignen sich in der gleichen Form eben nicht auch als Information für die Mitarbeiter.

Gibt ein Unternehmen, eine Verwaltung oder ein Krankenhaus also allen die gleichen Informationen, gibt es nur zwei Möglichkeiten: Die Informationen müssen so weit abstrahiert werden, dass sie alle Empfänger gleich gut erreichen – mit der Gefahr der Verwässerung und dann gerade auch mit der Gefahr, dass sie bei den Mitarbeitern, die eine klarere Orientierung erwarten, zynische Reaktionen hervorrufen. Oder es gibt nur eine einzige Kommunikationsform, die auf alle unterschiedlichen Zielgruppen angewendet wird und die vielleicht für die eine geeignet, für die andere jedoch höchst problematisch ist.

Man kann sich dies am Beispiel eines Automobilkonzerns verdeutlichen, der für die Kommunikation mit seinen Mitarbeitern eine nahezu identische Strategie wählt wie für die Kommunikation mit seinen Kunden. In dem an die Mitarbeiter gerichteten Video wird mit dem Spruch »It is you« immer wieder darauf abgezielt, dass es auf den einzelnen Mitarbeiter ankomme. Unsere Vermutung ist, dass solche Kommunikationsstrategien, die für Mitarbeiter wie auch für Kunden die gleichen Formate und Inhalte wählen, in der Regel eher kontraproduktiv wirken.

Aber wie kann man das Leitbild zielgruppengenau entwickeln, ohne dass die Diskrepanzen allzu deutlich hervortreten?

Einige Unternehmen nehmen eine punktuelle Entkopplung vor, indem sie zielgruppenspezifische Leitbilder entwickeln. Es gibt ein Leitbild, das sich an die Aktionäre richtet, ein Leitbild, das die Beziehung zu Zulieferern definiert, ein Leitbild für die Kunden und ein Leitbild für die Mitarbeiter. Der Vorteil dieser Vorgehensweise ist, dass sehr zielgruppengenau dargestellt werden kann, wie sich die Organisation sieht und welche Visionen sie pflegt. Aber diese Vorgehensweise bringt – neben dem Koordinierungsaufwand – auch Nachteile mit sich: Werden mehrere unterschiedliche Leitbilder erstellt, wird nicht deutlich, wie die Organisation vorzugehen beabsichtigt, wenn die Ansprüche von Aktionären, Zulieferern, Kunden und Mitarbeitern kollidieren. Die Kohärenz zwischen den zielgruppengenau erstellten Leitbildern muss trotzdem sichergestellt werden, weil alle Zielgruppen in der Regel auch Zugang zu den Leitbildern der jeweils anderen Zielgruppen haben.

Eine zweite Variante ist, die unterschiedlichen Leitbilder unterschiedlich konkret zu formulieren. So kann man beispielsweise ein umfassenderes Leitbild erstellen, auf dessen Basis die Auseinandersetzung zwischen den Managern und den Mitarbeitern stattfindet. Dieses Leitbild wird in einem zweiten Arbeitsschritt so zusammengedampft, dass ein um Schärfen und Konkretisierungen teilweise bereinigtes Leitbild entsteht, das auch Kunden, Zulieferern und Aktionären zur Verfügung gestellt werden kann.

Eine dritte Variante ähnelt der vorigen, spitzt deren Vorgehensweise aber noch zu. Es ist sinnvoll, in einem Prozess der Leitbilderstellung explizite, überraschende Aussagen zu formulieren. An diesem Punkt ist es wichtig, die Alarmglocke im Kopf auszuschalten, die automatisch schrillt, wenn man in einem Leitbildprozess daran denkt, dass das alles einmal auf der Website stehen wird. Besonders in der Phase, in der eine Verständigung zwischen Managern und Mitarbeitern stattfindet, kann so durch das vom Management vorgestellte Leitbild Orientierung geschaffen werden. Wenn es an die Kommunikation des Leitbildes nach außen geht, behält man einige explizite und überraschende Aussagen bei, man verpackt sie aber in eine im Umgang mit Kunden angemessene Darstellungsform.

Das Beispiel einer US-amerikanischen Druckerei – die fast geheime Fassung eines Leitbildes

Eine große US-amerikanische Druckerei macht 95 % ihres Umsatzes mit einem großen staatlichen Auftraggeber. Es werden Dokumente mit hoher Sicherheitsrelevanz produziert, die nicht nur von sehr guter Qualität sein müssen, sondern teilweise auch nur kurzfristig in Auftrag gegeben werden. Die Druckerei beginnt vorsichtig, sich anderen staatlichen, halbstaatlichen und privaten Auftraggebern zu öffnen, um die Abhängigkeit von dem einen Auftraggeber zu reduzieren. Diese ersten vorsichtigen Schritte führen dazu, dass der Hauptauftraggeber daran zweifelt, ob er durch die Druckerei weiterhin so kurzfristig und privilegiert behandelt wird und ob die Sicherheitsstandards gehalten werden können. Gleichzeitig herrscht bei den Mitarbeitern Unsicherheit, wie man mit dem Hauptauftraggeber kommunizieren soll: Soll man sich als »verlängerter Arm« dieses Auftraggebers darstellen? Ihn lediglich als »privilegierten Kunden« bezeichnen? Oder gar nur als »einen Kunden« unter anderen?

Das Management entscheidet sich in einem Leitbildprozess dazu, den Mitarbeitern etwas »mehr Klarheit« zu vermitteln und gleichzeitig gegenüber den Kunden eine Positionierung vorzunehmen. Die Herausforderung besteht darin, dass man das, was man den Mitarbeitern mitteilen möchte – eine langsame Öffnung gegenüber neuen Kunden – nicht offensiv nach außen kommunizieren kann, weil dies die Beziehung zu dem Hauptauftraggeber belasten würde. Die Druckerei wurde von ihrem jetzigen Hauptauftraggeber vor einigen Jahren outgesourct. Aufgrund der gemeinsamen Firmenvergangenheit ist die Beziehung zwischen den beiden Unternehmen sehr eng, und daher besteht die Gefahr, dass interne Dokumente, PowerPoint-Präsentationen des Vorstandes und erst recht ein nach innen gerichtetes Leitbild am Ende doch beim Hauptauftraggeber landen.

Wie lässt sich auf der einen Seite Orientierung für Mitarbeiter über die neue Ausrichtung schaffen, ohne dass es – auf der anderen Seite – beim Auftraggeber zu Verunsicherung kommt? Das Management entscheidet sich, in der zweiten Phase des Leitbildprozesses – der Konzepterarbeitungsphase – die Überlegungen lediglich auf handgeschriebenen Flipcharts und Metaplantafeln zu präsentieren. Dadurch wird die Wahrscheinlichkeit reduziert, dass Informationen an den Hauptauftraggeber weitergegeben werden können (einfaches Kopieren von Dokumenten ist nicht möglich). Noch wichtiger ist aber, dass die neue Ausrichtung in einer Form dargestellt wird, die es ermöglicht, gegebenenfalls gegenüber dem Hauptauftraggeber zu signalisieren, dass es sich lediglich um erste Überlegungen handelt, die nicht »in Stein gemeißelt« sind.

Durch diese Vorgehensweise zerschlägt das Management letztlich den gordischen Knoten. Auf der einen Seite steht ein politisch geglättetes Leitbild, das den Aktionären, Kunden und Zulieferern ohne Probleme zur Verfügung gestellt werden kann, auf der anderen Seite hat mit der intensiven Diskussion der handschriftlich auf den Flipcharts und Metaplantafeln festgehaltenen Aussagen eine Neuausrichtung der Mitarbeiter stattgefunden.

3.5 Leitbilder zwischen zentraler Initiierung und dezentraler Verankerung

Die Initiative zur Erarbeitung von Leitbildern geht fast immer von der Spitze der Organisation aus. Dem Mitarbeiter am Fließband oder der Pflegerin auf der Krebsstation ist der Ruf der Organisation zwar nicht unbedingt egal, schließlich muss man sich gegenüber seinen Freunden rechtfertigen, aber zuständig für die Reputation ist die Spitze der Organisation. Das erklärt auch, weswegen neben dem Topmanagement bestenfalls noch die Leitbildbeauftragten die Einzigen sind, die mit besonderem Herzblut an dem Wertekatalog hängen. Steht eine Entscheidung für oder gegen einen Leitbildprozess an, ist das Topmanagement in der Regel bereit, dafür Geld zur Verfügung zu stellen, während von Mitarbeitern aus dem mittleren Management, die stark in das operative Geschäft eingebunden sind, häufig Zweifel geäußert werden.

Diese besondere Initiative des Topmanagements hängt mit seiner Spitzenposition in der Organisation zusammen. Während beispielsweise die Leiter der Abteilungen Produktentwicklung, Forschung und Entwicklung, Produktion oder Verkauf sich vorrangig für die Optimierung ihrer jeweiligen Arbeitsfelder verantwortlich fühlen, besteht die Aufgabe des Topmanagements darin, die verschiedenen Arbeitsprozesse zu integrieren, bei Konflikten zwischen verschiedenen Bereichen zu vermitteln und die Organisation als einheitliches Ganzes nach innen und außen zu präsentieren. Das bei Leitbildprozessen zu beobachtende Engagement des Topmanagements und die Zurückhaltung des mittleren Managements ergeben sich also fast automatisch aus der hierarchischen Arbeitsteilung innerhalb der Organisation.

Daher ist es typisch für Leitbildprozesse, dass sie zur »Chefsache« erklärt werden und weitgehend »von oben nach unten« betrieben werden. In einer Situation, in der sich ein

Unternehmen neu positioniert, wird das Leitbild häufig an der Spitze ersonnen und dann den Mitarbeitern präsentiert. In einem Fusionsprozess zieht die neue Organisationsspitze das oftmals bereits (fast) fertige Leitbild aus der Tasche – in der Annahme, dass darüber Einvernehmen bei allen Beteiligten hergestellt werden kann.

Während es bei Strategien sehr wohl häufig funktional sein kann, sie im kleinen Kreis auszuarbeiten und dann für die Organisation verbindlich zu machen, ist ein top-down durchgesetztes Leitbild kontraproduktiv. Am Ende kennen dann nur der Chef und die mit der Erstellung und Kommunikation des Wertekataloges beauftragte Stabsstelle das Leitbild. Das führt nach (!) der Erstellung des Leitbildes oftmals zu hilflosen Maßnahmen: Die Mitarbeiter werden mit teuren Werbekampagnen über die Inhalte des Leitbildes informiert, zu Seminaren einbestellt, in denen ihnen die Prinzipien des Leitbildes eingeschärft werden sollen, oder die Belegschaft wird gar gezwungen, Kurzfassungen des Leitbildes auf Plastikkärtchen mit sich herumzutragen.

Das andere Extrem stellt eine Entwicklung des Leitbildes »von unten nach oben« dar. Als in den achtziger Jahren des zwanzigsten Jahrhunderts die ersten Experimente mit der Erarbeitung von Leitbildern angestellt wurden, gab es Unternehmen, die mit manchmal standardisierten oder auch mit nichtstandardisierten Frageelementen die Meinungen aller (!) Mitarbeiter einholen ließen darüber, was nach ihrer Auffassung die Visionen, Werte und Leitplanken der Organisation seien. Aus den Ergebnissen wurden dann – manchmal mithilfe komplizierter Rechenverfahren – die maßgeblichen Aussagen herauskristallisiert und zu einem Leitbild der Organisation verarbeitet.

Diese Vorgehensweise hat den Vorteil, dass die Mitarbeiter sehr früh an der Erarbeitung des Wertekataloges beteiligt werden und so der Leitbildprozess von Beginn an in die Breite gezogen wird. Aber diese Vorgehensweise bringt auch zwei Probleme mit sich: Das eine Problem ist, dass mit Anwendung dieses Verfahrens die Nachricht ausgesendet wird, dass die Mitarbeiter über die maßgeblichen Aspekte der Organisation entscheiden – eine Nachricht, die in Diskrepanz zu den tagtäglichen Erfahrungen der Mitarbeiter in den meisten Unternehmen, Verwaltungen und Krankenhäusern steht. Und häufig führt dieses Verfahren, ein Leitbild von »unten nach oben« zu entwickeln, dazu, dass es nur kleinste gemeinsame Nenner gibt und das Leitbild konturlos ist.

Bei den meisten Leitbildprozessen hat sich deswegen eine Verknüpfung von Entwicklungsprozessen »von oben nach unten« und »von unten nach oben« als gängige Praxis ausgebildet. Derart einfach dargestellt, bleibt dieses Prinzip jedoch eine Plattitüde, der alle erst einmal nur zustimmen können. Die Herausforderungen liegen im Detail: Wie genau verknüpft man die von der Zentrale ausgehenden Initiativen und die Beteiligung der Mitarbeiter? In welcher Form sollen die Entscheidungs- und Diskussionsprozesse organisiert werden? Welche Aspekte sollen »von oben nach unten« kommuniziert werden? Und welche von »unten nach oben«? Wann sollen nur wenige Mitglieder der Organisation beteiligt werden? Und an welcher Stelle möglichst viele? Und in welcher Form sollen viele beteiligt werden?

Bewährt hat sich eine fünfschrittige Vorgehensweise, in der zwischen Momenten der Beteiligung weniger Personen und Momenten der Beteiligung vieler hin- und hergewechselt wird. Man kann grob unterscheiden zwischen einer Sondierungsphase, in der eruiert wird, welche Wahrnehmungen in der Organisation vorherrschen und welche Verortungen sich das Management wünscht, und einer Phase, in der die konkreten Verortungen durch das Management ausgearbeitet und zur Diskussion gestellt werden. In jedem Schritt bestimmen jeweils unterschiedliche Leitfragen den Prozess.

In der ersten Phase wird meistens im Rahmen eines maximal eintägigen Workshops mit dem Management (oft nicht mehr als acht bis zehn Personen) geklärt, ob die Organisation oder die Organisationseinheit einen Leitbildprozess haben möchte. Weil häufig gerade vom durch das operative Geschäft geprägten mittleren Management Zweifel an der Sinnhaftigkeit solcher Leitbilder geäußert werden, ist es ratsam, die Entscheidung für einen Leitbildprozess zur Diskussion zu stellen. Häufig findet in dieser Phase auch eine Verständigung darüber statt, wie der Prozess genannt werden soll. Weil der Begriff »Leitbild« in vielen Organisationen durch vorherige Prozesse schon verbraucht ist, bietet es sich manchmal an, andere Bezeichnungen wie »Selbstverständnis«, »Kompass« oder »Mission« zu wählen.

Während in der ersten Phase nur sehr wenige Personen beteiligt sind, werden in der zweiten Phase viele Mitarbeiter der Organisation eingebunden. In sehr kurzen, häufig nur einstündigen Miniworkshops wird mit zehn bis fünfzehn Mitarbeitern gearbeitet. In diesen Miniworkshops wird nur ihre Meinung zur jetzigen Situation der Organisation eingeholt in Bezug auf vorher definierte zentrale Themen. Positionierungswünsche sollten hier nicht abgefragt werden, um zu signalisieren, dass dies dem Management vorbehalten ist. Zu diesen Miniworkshops, für die eine einheitliche Dramaturgie besteht, können ausgewählte Mitarbeiter zusammengerufen werden, sie lassen sich aber auch problemlos in Regeltermine wie Abteilungsbesprechungen oder bereichsübergreifende Besprechungen integrieren. Die Ist-Abfrage wird dann in einstündigen Einzelgesprächen oder manchmal auch in kleinen Workshops mit dem leitenden Management weitergeführt, zusätzlich dazu werden aber hier auch noch die Positionierungswünsche abgefragt. In die Ist-Abfragen lassen sich auch quantitative Abfragen integrieren, mit denen beispielsweise erfasst wird, wo die Mitarbeiter die Organisation strategisch verortet sehen – nicht, weil sich aus den generierten Zahlen konkrete Handlungen ergeben, sondern um in der folgenden Phase über eine (häufig sehr primitive) quantitative Auswertung Interesse zu wecken.

In der dritten Phase werden wiederum nur wenige Personen beteiligt – in der Regel das obere Management der Organisation. In einem häufig nur halbtägigen Workshop werden die Ergebnisse aus der Sondierung zurückgespielt. Gerade die Einschätzung der Ist-Situation und die in Einzelgesprächen herausgearbeiteten Vorstellungen der Soll-Positionierung durch die Mitarbeiter im oberen Management sind an diesem Punkt des Prozesses von großem Interesse. Aus der Diskussion werden dann Kernaussagen für die Positionierung herausgearbeitet, die häufig nach dem Workshop noch einmal im kleinen Kreis präzisiert und dann durch eine Entscheidung des Managements verabschiedet werden. In vielen Unternehmen wird der Entwicklungsprozess des Leitbildes hier beendet, und die Kernaussagen werden in Form einer Broschüre den Mitarbeitern mitgeteilt. Wir halten die folgende Konzepterarbeitungsphase jedoch für unerlässlich.

In der vierten Phase geht der Leitbildprozess wieder in die Breite. Die vom Management erarbeiteten vorläufigen (!) Kernaussagen für das Leitbild werden wiederum im Kreis der Mitarbeiter zur Diskussion gestellt. Dafür werden die Kernaussagen auf ein oder zwei Flipcharts oder Metaplan-Moderationstafeln formuliert und jeweils von einem Vertreter des oberen Managements in einstündigen Miniworkshops mit zehn bis fünfzehn Personen zur Diskussion gestellt. Diese Miniworkshops können entweder extra einberufen werden, in Regeltermine der Mitarbeiter integriert werden oder auch auf einem Interaktions-Marktplatz nach dem Mittagessen durchgeführt werden. Es empfiehlt sich, dass die Vertreter des oberen Managements die Kernaussagen nicht nur in ihren eigenen Abteilungen vorstellen, sondern auch vor gemischtem internem Publikum präsentieren. Häufig reicht es aus, wenn jeder Vertreter des oberen Managements vier bis fünf solcher Miniworkshops durchführt. Die Hauptfunktion dieser Miniworkshops ist es, ein Gespräch zwischen oberem Management und Mitarbeitern über die Ist- und die Soll-Situation der Organisation zu erzeugen, gleichzeitig werden aber auch die vom Management formulierten Kernaussagen einem Realitätscheck unterzogen.

In der fünften Phase findet – häufig in einem halbtägigen Workshop, manchmal aber auch nur integriert in eine Regelbesprechung des Topmanagements – eine endgültige Abstimmung über die Aussagen des Leitbildes statt. Je nachdem, wie präzise diese Aussagen sein sollen, kann es hier auch noch Kontroversen geben. Diese sollen in der Besprechung bewusst gefördert werden, weil sich daraus interessante Perspektiven für das weitere Vorgehen ergeben.

4 Relevanz des Leitbildprozesses und Pflege des fertigen Produktes – Fazit

Häufig kommt das fertiggestellte Leitbild als Hochglanz-broschüre daher. In einigen Unternehmen wird es – ähnlich wie schon die Zehn Gebote Moses – im Hauptein-gangsbereich in Stein gemeißelt, um das Leitbild als etwas Quasiheiliges zu präsentieren. In anderen Unternehmen ist das Leitbild eines der ersten Features, die aufklappen, wenn man die Homepage besucht.

Es gibt gute Gründe für die Hochglanzbroschüren, die in Stein gemeißelten oder prominent als Pop-up auf der Website erscheinenden Leitbilder: Sie suggerieren Beständigkeit. Es wird darüber signalisiert, dass es sich nicht um eine »Vision der Woche«, einen »Wert des Monats« oder ein »Leitbild als Jahreslosung« handelt, sondern um eine Aussage, auf die sich eine Organisation auch langfristig verpflichtet. Jede Organisa-tion – jedes Unternehmen, jede Verwaltung, jedes Kranken-haus und erst recht jede Lobby-Organisation, jede Partei und jede Nichtregierungsorganisation – ist, wie gezeigt, darauf angewiesen, gegenüber Externen – den Kunden, Zulieferern, Partnerorganisationen, Politikern, Massenmedien und poten-ziell neuen Mitarbeitern – eine attraktive Vorderbühne her-zurichten. Je glänzender und beständiger ein Leitbild wirkt,

desto besser eignet es sich zum Ausschmücken der Schauseite der Organisation.

Häufig entstehen aber gerade durch die in Stein gemeißelten Leitbilder, die gedruckten Poster und die Hochglanzbroschüren Konsistenzprobleme. In nicht wenigen Unternehmen
begegnen uns Poster, die Leitbilder verkünden, deren Ausrichtung aber häufig nicht mehr »en vogue« ist. Diese mani-
festierten »veralteten« oder »abgenutzten« Leitbilder bleiben
einfach hängen, weil sich niemand dafür zuständig fühlt, sie
gegen die neuen Exemplare auszutauschen.

Daher ist es sinnvoller, sich mehr auf den Prozess der Erstellung zu konzentrieren und weniger auf das fertige Leit-
bildprodukt. Die Verständigung über einen Wertekatalog
zwischen Management und Mitarbeitern erfolgt im Prozess
der Erstellung des Leitbildes und nicht im Moment der Prä-
sentation. Es ist der mühsame Prozess der Erarbeitung des
Leitbildes, in dem die Prinzipien nicht nur präzisiert, sondern
auch in der Organisation verbreitet werden. Um es mit dem
etwas abgegriffenen Spruch der Esoterik-Szene zu sagen: Bei
der Leitbilderstellung ist der Weg das Ziel.

Als Faustregel gilt in althergebrachten Leitbildprozessen
das »80-20-Prinzip«. Im klassischen Leitbildprozess werden 20 % des Budgets, der für diesen Prozess reservierten Arbeitszeit des Managements, der Stabsstellen und der externen
Dienstleister für die Phase der Sondierung und der Erstellung des Leitbildes aufgebracht. 80 % des Budgets werden aus-
gegeben, nachdem das Leitbild steht – für das genaue Wor-
ding, für den Entwurf der Imagebroschüre, das Drucken, die
Durchführung von Verkündigungs-Events und die Organisation von Folgeveranstaltungen, in denen das Management
mit den Mitarbeitern zum Beispiel in Mittagsrunden darüber diskutiert, wie die Prinzipien des Leitbildes eingehal-
ten werden. Bei der hier vorgestellten Vorgehensweise werden die eigentlichen Effekte jedoch in der Sondierung und

Erarbeitung des Leitbildes und in der Diskussion der ersten Entwürfe erzielt. Dementsprechend werden 80 % des Budgets und besonders der hierfür veranschlagten Arbeitszeit der Manager, Stabsstellen und externen Dienstleister in diese Phase investiert. Maximal 20 % der Zeit des Managements, des Budgets und des Aufwandes für externe Dienstleister werden dann – wenn überhaupt – noch nach der Fertigstellung des Leitbildes benötigt.

Damit dieses »80-20-Prinzip« funktioniert, ist es erforderlich, dass das Management im Rahmen »der 80 %« ein schon sehr weitgehend ausgearbeitetes Leitbild zur Diskussion stellt. Natürlich könnte man auch erst das »fertige Leitbild« erstellen und es anschließend durch die Führungskräfte in einem breiten »Roll-out« den Mitarbeitern verkünden lassen. Damit beraubt man sich aber der Chance, den Wertekatalog mit den Mitarbeitern diskutieren zu können, weil es ja nur noch um Information geht und kritische Einwände oder sinnvolle Anregungen der Mitarbeiter folgenlos bleiben. Um diese Vorgehensweise noch zuzuspitzen: Wenn es nach (!) der Erstellung des Leitbildes notwendig ist, einen aufwändigen Prozess aufzulegen, um die Leitbilder den Mitarbeitern zu verkünden, dann ist bei der Erarbeitung des Wertekataloges etwas falsch gemacht worden.

Literaturverzeichnis

Bart, Christopher K. (1997): Sex, Lies, and Mission State-
    ments: Why aren't Mission Statements Getting the Credit
    They Deserve, or the Results Managers and Experts have
    Expected? In: *Business Horizons* 40, S. 9–18.
Beck, Ulrich; Bonß, Wolfgang (1984): Soziologie und Mo-
    dernisierung: Zur Ortsbestimmung der Verwendungs-
    forschung. In: *Soziale Welt* 35, S. 381–406.
Blair-Loy, Mary; Wharton, Amy S.; Goodstein, Jerry (2011):
    Exploring the Relationship between Mission Statements
    and Work-Life Practices in Organizations. In: *Organiza-
    tion Studies* 32, S. 427–450.
Brunsson, Nils (1989): The Organization of Hypocrisy. Talk,
    Decisions and Actions in Organizations. Chichester et al.:
    John Wiley.
Collins, Jim; Porras, Jerry I. (2005): Immer erfolgreich: Die
    Strategien der Top-Unternehmen. München: Deutscher
    Taschenbuch Verlag.
Davidson, Hugh (2005): The Committed Enterprise. London:
    Routledge.
Deephouse, David L. (1999): To Be Different or to Be the
    Same? It's a Question (and Theory) of Strategic Balance.
    In: *Strategic Management Journal* 20, S. 147–166.

Fuchs, Peter (4.1.2000): »Gib mir ein Leitbild!«. In: *Taz.*

Heinrich, Mark; Spengler, Gerrit (2007) Wozu Leitbilder? Wie durch ein Leitbild die gemeinsame Ausrichtung in Organisationen gefördert werden kann. In: *Organisationsentwicklung* 2, S. 14–21.

Kaplan, Robert S.; Norton, David P. (1996): The Balanced Scorecard. Translating Strategy into Action. Boston: Harvard Business School Press.

Kaplan, Robert S.; Norton, David P. (2008): Execution Premium. Linking Strategy to Operations for Competitive Advantage. Boston: Harvard Business School Press.

Kay, Ira T.; Pfau, Bruce N. (2001): The Human Capital Edge. New York: McGraw-Hill.

Kühl, Stefan (2011): Organisationen. Eine sehr kurze Einführung. Wiesbaden: VS Verlag für Sozialwissenschaften.

Kühl, Stefan (2015a): Das Regenmacher-Phänomen. Widersprüche im Konzept der lernenden Organisation. Frankfurt a. M., New York: Campus.

Kühl, Stefan (2015b): Sisyphos im Management. Die vergebliche Suche nach der optimalen Organisationsstruktur. Frankfurt a. M., New York: Campus.

Lewin, Kurt (1951): Problems of Research in Social Psychology. In: Dorwin Cartwright (Hg.): Field Theory in Social Science. Selected Theoretical Papers by Kurt Lewin. New York: Harper & Row, S. 155–169.

Luhmann, Niklas (1964): Funktionen und Folgen formaler Organisation. Berlin: Duncker & Humblot.

Luhmann, Niklas (1972): Rechtssoziologie. Reinbek: Rowohlt.

Luhmann, Niklas (1977): Probleme eines Parteiprogramms. In: Horst Baier (Hg.): Freiheit und Sachzwang. Beiträge zu Ehren Helmut Schelskys. Opladen: WDV, S. 167–181.

Luhmann, Niklas (2000): Organisation und Entscheidung. Opladen: WDV.

March, James G.; Simon, Herbert A. (1958): Organizations. New York: John Wiley.

Meyer, John W.; Rowan, Brian (1977): Institutionalized Organizations. Formal Structure as Myth and Ceremony. In: *American Journal of Sociology* 83, S. 340–363.

Rigby, Darrell (2003): Management Tools. Boston: Bain and Company.

Rottenburg, Richard (1996): When Organization Travels: On Intercultural Translation. In: Barbara Czarniawska und Guje Sevón (Hg.): Translating Organizational Change. Berlin, New York: Walter de Gruyter: S. 191–240.

Weick, Karl E. (1976): Educational Organizations as Loosely Coupled Systems. In: *Administrative Science Quarterly* 21, S. 1–19.

Whitley, Richard (1984): The Fragmented State of Management Studies: Reasons and Consequences. In: *Journal of Management Studies* 21, S. 331–348.

Lektürehinweise – für ein organisationstheoretisch informiertes Verständnis von Organisationen

Unser Anspruch ist es, für Praktiker, die sich für einen organisationstheoretisch informierten Zugang zu Organisationen interessieren, ein umfassendes Angebot an aufeinander Bezug nehmenden Texten zur Verfügung zu stellen. Im Einzelnen besteht dieses Angebot aus folgenden Bausteinen:

Eine grundlegende Einführung in ein systemtheoretisches Verständnis von Organisationen
Kühl, Stefan (2011): *Organisationen. Eine sehr kurze Einführung*. Wiesbaden: VS Verlag für Sozialwissenschaften.

Grundlegend zur Rolle von Macht, Verständigung und Vertrauen in Organisationen
Kühl, Stefan (2016): *Laterales Führen. Eine kurze organisationstheoretisch informierte Handreichung zu Macht, Vertrauen und Verständigung*. Wiesbaden: Springer VS.

Anwendungen auf verschiedene Anlässe in Organisationen

Kühl, Stefan; Muster, Judith (2015): *Organisationen gestalten. Eine kurze organisationstheoretisch informierte Handreichung.* Wiesbaden: Springer VS.

Kühl, Stefan (2016): *Leitbilder erarbeiten. Eine kurz, organisationstheoretisch informierte Handreichung.* Wiesbaden: Springer VS.

Kühl, Stefan (2016): *Strategien entwickeln. Eine kurze organisationstheoretisch informierte Handreichung.* Wiesbaden: Springer VS.

Kühl, Stefan (2016): *Märkte explorieren. Eine kurze organisationstheoretisch informierte Handreichung.* Wiesbaden: Springer VS.

Kühl, Stefan (2016): *Projekte führen. Eine kurze organisationstheoretisch informierte Handreichung.* Wiesbaden: Springer VS.

In den nächsten Jahren kommen in der Reihe Springer Essentials jeweils noch kurze organisationstheoretisch informierte Einführungen zu Interaktionsarchitekturen (z. B. Workshops, Großkonferenzen, Webkonferenzen) und zu Tätigkeiten in Organisationen (z. B. Managen, Führen, Beraten, Moderieren, Präsentieren, Evaluieren, Vergleichen) hinzu.

Organisationstheoretisch informierte Einmischungen in die aktuellen Managementdiskussionen

Kühl, Stefan (2015): *Wenn die Affen den Zoo regieren. Die Tücken der flachen Hierarchien.* 6., aktual. Aufl., Frankfurt a. M., New York: Campus.

Kühl, Stefan (2015): *Das Regenmacher-Phänomen. Widersprüche im Konzept der lernenden Organisation.* 2., aktual. Aufl., Frankfurt a. M., New York: Campus.

Kühl, Stefan (2015): *Sisyphos im Management. Die vergebliche Suche nach der optimalen Organisationsstruktur.* 2., aktual. Aufl., Frankfurt a. M., New York: Campus.

Überblick über die zentralen Bücher und Artikel der Organisationsforschung

Kühl, Stefan (Hg.) (2015): *Schlüsselwerke der Organisationsforschung.* Wiesbaden: Springer VS.

Überblick über quantitative und qualitative Methoden zum Verständnis von Organisationen

Kühl, Stefan; Strodtholz, Petra; Taffertshofer, Andreas (Hg.) (2009): *Handbuch Methoden der Organisationsforschung.* Wiesbaden: VS Verlag für Sozialwissenschaften.

Englische Fassungen werden zu allen diesen Beiträgen entstehen oder sind bereits entstanden. Unveröffentlichte Vorfassungen können unter quickborn@metaplan.com angefordert werden.

Printed in the United States
By Bookmasters